GRAMÁTIKA DI KRIOLU
NA 45 LISON

Fixa Tékniku

Titlu:	Gramátika di Kriolu na 45 Lison
Autor:	Manuel Veiga
Edisãu:	Edisãu di Autor
ISBN:	978-989-53216-3-6
Depózitu Legal:	05/2024
Kapa:	Inira Delgado
Konpozisãu:	Jaime Silva/Hélder Veiga
Inpresãu:	Imprensa Nacional

SIGLAS Y SINBLUS

ALUPEC	Alfabétu Unifikadu pa Skrita di Kabuverdianu
KKV	Kriolu di Kabu Verdi
Lp	Língua Portugês
Obs.	Observason
Port.	Portugês ô Língua Portugês
St.	Variedadi Linguístiku di Ilha di Santiagu
Sv.	Variedadi Linguístiku di Ilha di S. Visenti
V	Vérbu

GRAMÁTIKA DI KRIOLU
NA 45 LISON

Fixa Tékniku

Titlu:	Gramátika di Kriolu na 45 Lison
Autor:	Manuel Veiga
Edisãu:	Edisãu di Autor
ISBN:	978-989-53216-3-6
Depózitu Legal:	05/2024
Kapa:	Inira Delgado
Konpozisãu:	Jaime Silva/Hélder Veiga
Inpresãu:	Imprensa Nacional

NÓTA PRÉVIU

Es traduson di ***O Caboverdiano em 45 Lições*** pa ***Gramátika di Kriolu*** é un dizafiu ozadu, mas nisisáriu.

Si kriolu, inda, sta na fazi di instrumentalizason, traduson di kualker óbra debe ser odjadu komu un inisiativa sprimental ki, suguramenti, ta ben kontribui pa enpoderamentu di es instrumentalizason, na un perspetiva di abertura pa tudu varianti y variedadis di kriolu kabuverdianu, y na diálogu ku língua purtugês, ku preokupason sénpri di salvaguarda autentisidadi di kriolu formal.

Ka pode kaídu na bakandésa di pensa ma fórma enkontradu, na es mumentu, é spreson akabadu, na tudu aspétu. Suguramenti, nu ta atxa aréstas pa ser limadu, tantu na strutura gramatikal komu na spreson semántiku y stilístiku.

Na es mumentu, nu ta kridita ma es testu ta traduzi u-ki rakursus izistenti di situason linguístiku ta pirmiti. Ta fika, entritantu, abertura di atual testu dianti di evoluson ki kriolu formal ta konsinti na futuru.

Nos preokupason foi fase u-ki pa nos éra pusível pa ki kontiudu di testu orijinal ka ser traídu, na sertéza ki pode ten sénpri spreson ku pertinénsia formal y signifikativu más grandi. Si krítika ser kapás di indika spresons ô realizasons más apropriadu, edisons ki ta ben sigi, suguramenti, ta toma-s en konsiderason.

Nu debe sklarise ma kriolu formal ta manifesta ku tres nível: akroletal, mezoletal y baziletal (ô kriolu fundu).

Na traduson, nha preferénsia bai pa kriolu mezoletal ki pode ser entendidu tantu na kanpu komu na sidadis, tantu pa eliti inteletual komu pa otus kamada di sosiadadi. Óki ta izisti apénas spresons di nível akroletal y baziletal, preferénsia bai pa baziletal, pa un kiston di autentisidadi.

Nu debe fla ma realizasons baziletal pode ko-izisti ku realizasons mezoletal, armoniozamenti, mas realizason baziletal ta prevalise na kanpu y mezoletal sobritudu na sidadi. Nu odja alguns izénplu: **b/v** - **b**es/**v**es; **s/z** - ka**s**a/ka**z**a; **dj/j** - **dj**untu/**j**untu; **dj/lh** - mi**dj**u/mi**lh**u; **x/s** - **x**u**x**u/**s**u**j**u; **a/e** - R**a**públika/R**e**públika; ó/o - bóka/boka; **u/o** - s**u**berania/s**o**berania; **i/e** - r**i**aliza/r**e**aliza; **on/ãu** - órg**on**/órgãu**; o/ au - otónumu/ autónomu**, *e/ei* - p**e**tu/p**ei**tu.

Nu debe akrisenta, inda, ma ko-izisténsia di **baziletal** y **mezoletal** ta provoka surjimentu di **arkifunémas**, undi neutralizason di opozison entri dos funéma (létras) distintu, na diterminadus kontestu, ka ta muda signifikadu di palavras undi es ta surji: **bes/ves** ta signifika mésmu kusa.

Nu fla, inda, ma é ozadu inisiativa di fazi traduson di un óbra, na un mumentu ki kriolu formal sta na fazi di instrumentalizason. Entritantu, nu ka ta duvida ma é un kontributu pa es mésmu instrumentalizason formal, pa raforsu di unidadi nasional y pa fortalisimentu di orgulhu nasional.

INTRODUSON

Lison 1º

1.1 – Es Lisons é Pamodi?

Es studu ta enkuadra na ánbitu di projétu di ***Disionáriu Elementar Kriolu-Purtugês***. Na elaborason di projétu ka staba previstu es prezenti trabadju. Entritantu, dja ki konhisimentu splísitu y sientífiku di língua kabuverdianu é poku dizenvolvidu, utilidadi di disionáriu ta sérba raduzidu sen es instrumentu ki, pa alén di el fase kontestualizason sosio-stóriku di língua kabuverdianu, el ta trata, tanbe, di si strutura y funsionamentu gramatikal.

Óbra ***Introdução à Gramática do Crioulo*** (M. Veiga,1995) debeba prenxe es lakuna, mas, trokadu si naturéza largamenti diskritivu sobri partikularidadis di kriolu kabuverdianu (KKV) y ku un linguájen, asvês, dimaziadu tékniku, leitor kumun podeba fika konfundidu entri u-ki é esensial y u-ki é sekundáriu.

Es prezenti óbra el ten somenti u-ki é esensial y nun linguájen más asesível pa leitor non spesializadu. Alén di kel-li, el ta ser útil, dja ki disionáriu, skritu na bazi di ALUPEC (alfabétu unifikadu pa skrita di kabuverdianu) ka ta traze transkrison funétiku ki, ku es mudélu di skrita ta sérba un sobrikarga. Entritantu, pa ka ten nisisidadi di transkrison funétiku, leitor ta mesteba un splikason sobri nórmas ki ta vigora na skrita utilizadu.

Ken ki konxe lésiku di KKV debe kre, tanbe, sabe modi ki si raprizentason ta funsiona y, sobritudu, konxe régras ki ta enkuadra si funsionamentu na morfolojia ku sintasi, y na diskursu undi es mésmu lésiku sta inseridu.

Razumidamenti, kes-li é alguns razon ki leba-nu skrebe es 45 lison undi aspétus signifikativu di stória y di gramátika di KKV sta abordadu di fórma klaru y ku algun preokupason pedagójiku.

1.2 - **Kontiudu di Lisons**

Es trabadju, na kuadru di disionáriu ki dipariba nu pâpia di el, el foi organizadu na un total di 45 Lison. Es fórma di aprezentason parse-nu más pedagójiku y más pertinenti pa tratamentu di un kiston rai di konpléksu, sima é kazu di gramátika di KKV.

Kes 45 Lison, es é 45 mumentu di rafleson, di diskubérta, di intiriorizason ô di splisitason di konhisimentu ki, di algun manera, dja nu ten. El é formadu pa Kuatu Pártis:

Purmeru Párti ta trata di aspétus sosiolinguístiku (ku studu di ***Kriolu Kabuverdianu na Prusésu di Formason y Afirmason***) undi nu ta aborda formason di KKV, diskursu kolonial ki konsidera-l un subprodutu ki ta konpromete "*unidadi di Inpériu*", razisténsia popular ki konfiri-l dignidadi ki oji el ten, kontributu ki létras, artis y tradison da-l, forsa ki Indipendénsia traze-l y stagnason ô dinamismu ki pulítika linguístiku di País konfiri-l.

Na **Sugundu Párti** nu ta aborda un kiston fundamental di afirmason di KKV ki é si skrita. Prusésu di es skrita ta komesa ku spiriénsia di bazi etimolójiku (k'inda sa-ta reina), el ta abarka otus propósta (kel di Paula Brito di 1888; kel di Kulókiu di Mindelu, di 1979) ti txiga na ALUPEC - Alfabétu Unifikadu pa Skrita di Kabuverdianu, propostu na 1994 pa Kumison di Padronizason di Alfabétu y aprovadu, a-titlu sprimental, na Dizénbru di 1998 (Dekrétu-Lei nº67, di 31/12. BO nº48 - 5º Suplementu). Es alfabétu sprimental ta ben ser institusionalizadu komu Alfabétu Kabuverdianu, na 2009 (Dekrétu 8/2009, di 16 di Marsu, BO nº11, I Séri).

Asi, dja ki skrita utilizadu é kel di ALUPEC, nu ta da un atenson spesial pa raprizentason y funsionamentu di es mudélu di alfabétu.

Na **Tirseru Párti**, nu ta entra na **análizi morfolójiku** ki é párti sentral di kualker gramátika.

Na un abordájen konsizu, mas ku preokupason di aborda u-ki é fundamental, nu ta trata di morfolojia di nómis, pronómis, vérbus, adivérbius, konjunsons, prepozisons, interjesons y lokusons.

Na **Kuartu y últimu Párti** nu ta **analiza sintasi di kriolu**, y nu ta toma pa pontus di raferénsia: frazis, asesórius di frazis, tipu di predikadu, di orason di períudu y di diskursu. Inda na es Párti ta ser studadu vós y sintasi di rejénsia. Kuatu anéksu (A, B, C, D) ta fase párti, inda, di óbra.

Razumidamenti, kontiudu di es gramátika sta plasmadu na lisons ki ta sigi.

ÓRA ZÉRU

Lison 2º

KKV ka é un prénda, nen un kusa enpristadu. El razulta di spritu kriador y di razisténsia di nos povu, purmeru na situason di skravatura, y dipôs na kel di duminason kolonial.

Pa nu intirioriza óra zéru di nos kriolidadi, nu ten ki splora kontestu di si formason, nu ten ki diskubri si matrís[1], nu meste prokura prinsípius ki orienta si formason y diskubri partikularidadis ki na el ta izisti y ki ta karateriza-l.

2.1 – **Kontestu Y Matrizis di Formason**

Na xigada di marinherus purtugês, na sugundu metadi di séklu XV, Kabuverdi, sima alguns storiador ta fla, staba dizértu. Téra ki, na altura, atxadu éra pikinóti, mas tanbe ka tinha rakursus na subsólu y si kondisons pa agrikultura éra fraku. Dja désdi prinsípiu, atxadu ma situason jeográfiku di ilhas (na kruzamentu di tres kontinenti – Européa, Áfrika y Mérka) éra favorável pa kumérsiu di skravus. Asi, di séklu XV ti prinsípius di séklu XVII, tráfiku ki, oji, ta po stória ku kabaku, alkansa si spreson más grandi, y atual ruína di Sidadi di Rubera Grandi – oji *Cidade Velha* – é tistimunha más klaru di nível y di dimenson di kel kruel sistéma inplantadu na Rubera Grandi.

Ilha di Santiagu, partikularmenti Sidadi di Rubera Grandi, funsiona na kel altura komu un spésia di plaka jiratóriu di tráfiku di skravus,

[1] Kf. Veiga, 2019. Formação do Crioulo – Matrizes Originárias

«kasadu» na Kósta Osidental di Áfrika kontinental. Lógu dipôs, es ta lebadu pa Rubera Grandi undi es ta ladinizadu (aprendizájen di rudimentus di língua y di ralijon) y, dipôs, es éra sportadu, di fórma digradanti, tantu pa Európa, partikularmenti pa Sivilha y pa Lisboa, komu, inda, pa Mérka di Sul.

Na séklu XVI ikonomia ku bazi na skravatura atinji pontu más altu, mas dekadénsia komesa a-partir di purmeru dékada di séklu XVII. Es sistéma so ta ben sérba banidu, na Kabuverdi, na sugundu metadi di séklu XIX.

Fin di skravatura ta ben pirmiti un dizenvolvimentu más voltadu pa kes poku rakursu ki ta izistiba (agrikultura, kriason di animal y péska). Entritantu, sistéma di duminason kolonial ta kontinuaba ta pratika txeu barbaridadi y ta nega pa populason duminadu alguns di kes direitu sosial, pulítiku y kultural más elementar.

Entritantu, apezar di naturéza y abranjénsia di splorason y di duminason perpetradu, un nobu nasimentu kontise: surjimentu di ómi y di kultura kabuverdianu.

Língua KKV – é un di kes elementu sosiolinguístiku más nóbri ki nase di es umanizason y di es kultura insular, un bes komu frutu di enkontrus y, otus bes, komu razultadu di konfrontus pa diféza di dignidadi.

KKV nase di un partu trankadu, el krexse na sufrimentu y na razisténsia, el fortifika y el sa-ta fortifika, manenti, na meiu di un luta dizigual undi vitórias, oji, komesa ta ser un sertéza.

Na kontestu di si formason, nu ta atxa sistéma di splorason skravokrátiku y di duminason kolonial; enkontru y konfrontu di mundus y di univérsus diferenti; forsa di razisténsia y di diterminason di un povu interu na diféza di si própi dignidadi.

Apezar di duminason inpostu, alguns kondison favorese emerjénsia di KKV (Kf. Veiga 1998):

- Nunbru di negrus foi sénpri más grandi ki kel di brankus;
- Negrus, es éra txeu y es ta faseba párti, tanbe, di txeu etenias, y ninhun di es ka tinha forsa sufisienti pa inpô si própi kódigu linguístiku;

- Duranti tudu "*fazi azágua fadjadu*" ki dura sistéma di skravatura (séklu XVI), permanénsia di skravus éra tranzitóriu, dja ki es ta permaniseba somenti duranti ténpu ki éra nisisáriu pa ses ladinizason y, dipôs, es éra komersializadu na portus di Európa y di Mérka;
- Duranti ténpu ki ta dada nómi di " ***período de habitação***", na undi skravus tinha un vida más folgadu, na okupason doméstiku, di kel di trabadju na propriedadi di patron, ses nunbru éra pikinóti y ka ta favoreseba jeneralizason y inpozison di kódigu linguístiku di patron;
- Na "***período de plantação***" (ku splorason di propriedadi) nunbru di skravus éra más txeu, mas tanbe es ta viveba más afastadu di kódigu di ses patron y sistéma linguístiku di "***kriolus-kapatás***", es ki ka ta duminaba linguajar di patrons, favorese surjimentu di un sistéma ki tenba pa matrís kes divérsus kódigu linguístikus, tantu kes di patron komu kes di skravus.
- Brankus, pa alén di es ser raduzidu, es ta papiaba divérsus dialétu di purtugês, es tinha poku kultura akadémiku, y txeu di es éra analfabétu. Alén di kel-li, es ka tinha instrumentus y mekanismus kultural sufisienti pa inpozison di ses língua, sima sistéma di ensinu, skólas, universidadis, profesoris, livru, material didátiku, pulítika kultural, di kurtu, médiu y longu prazus. Ses interesi éra más ikonómiku ki kultural y pur isu ta interesaba-es más produson di rikéza ki "*idukason*" di ses skravus.
- Urjénsia di kumunikason, nun kontestu di minorias linguístiku, alguns di es inda poku konsolidadu, trokadu juventudi di maioria di skravus, ka ta favoreseba, tanbe, inpozison di ninhun kódigu di negrus, enbóra es éra, numerikamenti, más raprizentativu.
- Razisténsia dianti di mudélus europeu y rabeldia "puzitivu" di "***escravos fujões***" ka ta favoreseba gramátika purtugês, sima el ka fasilita, tanbe, emerjénsia di un otu kódigu.

Si nu toma en konsiderason kes divérsu kontestu ki, dipariba, nu rafiri, nu ta da kónta pamodi ki e ka éra faxi inpozison nen di língua purtugês, nen di kualker di kes otu língua afrikanu utilizadu.

Entritantu, vida na sosiedadi é un konjuntu di ralasons undi papel di língua é fundamental. Dja ki e ka éra posível adota ninhun di kes kódigu izistenti, so ta restaba kria un nobu kódigu, baziadu na tudu kes otu y ki, di akordu ku u-ki dja nu fla, el ka podeba ser indiferenti di mapa linguístiku izistenti, di eransa kultural, di kobertura demográfiku y di ralason di forsas pulítiku, sosial y kultural.

KKV nase, di es manera, ndému, di toleránsia inpostu pa sirkunstánsias. El é un produtu undi forsa di si dos matrís é un evidénsia. El e ka purtugês, mas tanbe el ka ta konfundi ku ninhun otu língua étniku. El é mestisu, sima nos povu; el é sinkrétiku móda nos kultura.

Kuriozamenti, skravidon ki é sufrimentu y negason di dignidadi umanu, el jera un elementu patrimonial ki ta orgulha-nu, ta dignifika-nu. Língua Kabuverdianu é, di es fórma, nos bandera kultural y un di kes elementu más signifikativu di nos karton di identidadi.

2.2 – **Prinsípius ki Orienta Formason di KKV**

Formason di KKV sta di akordu ku leis di formason di un língua, ndému: fakuldadi linguístiku inatu ki tudu jéneru umanu ten; prinsípiu di "*menor esforço*"; enpréstimus ki ta razulta di kontaktu di línguas.

Ten un otu prinsípiu ki, pa ralevánsia na formason di KKV, nu ta gostaba di aborda, un poku más demoradamenti. Nu sa-ta pâpia di prinsípiu di restruturason y di autonomizason di material linguístiku ki ta ben di matrizes di KKV, kes di línguas afrikanu y kes di purtugês di época di Diskubrimentus (séklu XV).

Txeu bes nu obi di bóka tantu di alguns studiozu komu, tanbe, di alguns otu algen ma sérka di 99% di palavras di KKV, provavelmenti, ma es ben di purtugês. Entritantu, nu ka konxe ninhun studu statístiku ki ta konfirma ô ta disminti tal afirmason.

Ka ten dúvida ma si nu toma palavras na KKV, dispidu di kontestu ki ta konfiri-s signifikadu ô sentidu, nu ta konklui ma persentájen ki dipariba nu da pode ka sta lonji di verdadi. Entritantu, língua ka é un kalanbetxada di palavras, y oríjen di palavras nen sénpri ta konfiri igual signifikadu pa material linguístiku ku igual radikal, y ki é uzadu pa kumunidadis diferenti, y na kontestus diferenti. Tudu kel-li pa fla, sima Jürgen Lang (1997) dja flaba, ma material linguístiku di KKV, provavelmenti, na si grandi maioria, ben di purtugês kinhentista, dipôs el ganha un sentidu nobu. É es sopru vital-li ki ta spesifika KKV, sen nega si oríjen luzitanu, el pode muitu ben ser konstruídu na própi txon di nos ilhas, a-partir di inerjia y di sabedoria ki nase na txon di nos mãi Áfrika (Veiga 2019).

Restruturason purmeru, y autonomizason dipôs, di materiais ki ben di kes dos matrís, tantu lesikal komu gramatikal, ta mostra ma KKV ten si própi identidadi. Kel-li é mésmu verdadi. Aliás, kenha ki ka konxe kriolu, mésmu ki el ten un profundu konhisimentu di purtugês, ô di línguas afrikanu orijináriu, el ka é kapás di kodifika y diskodifika un diskursu na kriolu.

Anton, kal ki é sentidu di 99% di térmus di KKV ser di purtugês? Si es persentájen ser verdadi, kel-li podeba signifika ma, nun diskursu en KKV, un purtugês ka ta konprendeba apénas 1% di térmus uzadu y, di es manera, konprenson y interkonprenson debeba ser grandi. Nu sabe ma é ka si ki kusas ta pasa. Y kel-li pamodi térmus pode ben di purtugês, mas, atualizason ki da, nen sénpri sta ligadu ku sentidu di radikal di palavra. Pa alén di kel-li, si nu akrisenta restruturason gramatikal ki da, nu ta konklui ma KKV é un kódigu nobu. Nobu na si funétika, nobu na si morfo-sintasi, nobu na si semántika.

2.3 – **Alguns Partikularidadi di KKV**[2]

Studus funétiku-funolójiku, morfo-sintátiku y semántiku di KKV debe da kónta di si naturéza strutural y di grau di si autonomia linguístiku. Li, nu ta pretende apénas ilustra alguns trasu morfo-sintátikus ki ta karateriza funsionamentu di KKV. Nu ta komesa ku morfo-sintasi di nómis, pronómis y vérbus.

[2] Si na autonomizason morfolójiku di KKV nu rafiri, ku frekuénsia, di diferénsa tipolójiku ku Lp é pamodi kes dos língua-li ta vive en permanenti kontatu un ku otu y, inda, pamodi Lp é un di kes dos matrís di KKV.

Jéneru

Na KKV, jéneru ka ta izisti óki nu ta trata di seris inanimadu ô di renu vegetal.

St.	Sv.	Lp.
nha kamisa branku	nha kamiza brónke	a minha camisa branca
kor prétu	kor prete	cor preta
arvi bunitu	árvore benite	árvore bonita
pé xuxu	pe suje	pé sujo

Enkuantu na Lp dizinénsias "a" y "o" (u) ta marka, ruspetivamenti, jéneru fimininu y maskulinu (preta/preto, bonita/bonitu) na KKV terminason "u" na Santiagu y "e" na S. Visenti é neutru, óki nu sa-ta trata di seris inanimadu ô di vejetal, Óki nu sa-ta trata di renu animal, jéneru ta utilizadu.

St.	Sv.	Lp.
mininu/minina	menine/menina	menino/menina
ómi/mudjer	ome/amedjer	homem/mulher
boi/baka	boi/vaka	boi/vaca

Dja ki jéneru é ka un klasi gramatikal na KKV, pa seris inanimadu y plantas, é kazu pa nu purgunta si kel-li é un lakuna ô si é un pobréza morfolójiku di KKV. Raspósta é negativu. KKV ten si própi strutura y el ta analiza realidadi indipendentimenti di mudélu Lp, mas di akordu ku si própi manera di ser. É inportanti ki sen utiliza morfolojia di jéneru na Lp, KKV ta veikula, ku klaréza y objetividadi, tudu u-ki Lp ta veikula ku morfolojia di jéneru.

Nunbru

Si jéneru pode ka ser un munéma (óki sa-ta tratadu di seris inanimadu y di renu vejetal), nunbru, el, é sénpri un munéma. KKV ta utiliza sénpri munéma di nunbru, sima Lp, tanbe, ta uza-l, sénpri. Partikularidadi di KKV ta konsisti na auzénsia di radundánsia óki sa-ta tratadu di morfolojia di nunbru. La na undi Lp pode uza dos ô tres marka di nunbru, KKV ta utiliza un marka apénas ki, txeu bes, é un kuantitativu y, raramente, é dizinénsia "s, is ô es".

St.	Sv.	Lp.
txeu kabra	txeu kabra	muitas cabras
dos amigu	dos amige	dois amigos
mudjeris di nos téra	amedjeres de nos térra	mulheres da nossa terra
nhas fidju	nhas fidje	os meus filhos

Dizinénsia Verbal

Un di kes prinsipal partikularidadi di KKV sta na morfo-sintasi di vérbus. É si ki KKV, na konjugason verbal el ta ben sénpri ku sujeitu. Na radikal di vérbus regular, si nu sklui dizinénsias "**ba, du, da**" el ta permanise sénpri sen alterason, sen pode rasebe otus dizinénsia. Asi, ténpu, módu y aspétu (TMA) é atualizadu, txeu bes, sen dizinénsias, okontráriu di u-ki ta pasa na purtugês, pa morfémas predikativu sima "**ta, sa-ta, al, ba, du, da**" na Santiagu.

Iz:

St.	Sv.	Lp.
N **ta** kume	N **ta** kemê	como/comerei
bu **ta** kume	bo **ta** kemê	comes/comerás
N **sa-ta** kume	N **ti ta** kemê	estou a comer
bu **sa-ta** kume	bo **ti ta** kemê	estás a comer
N **al** kume	N **a-de** kemê	devo comer/hei de comer
bu **al** kume	bo **a-de** kemê	deves comer/hás de comer
N kume**ba**	N tinha kemide	tinha comido
bu kume**ba**	bo tinha kemide	tinhas comido
kume**du**	jente kemê	comeu-se
kume**da**	jente tinha kemide	a gente tinha comido

Pertinénsia, ikonomia y orijinalidadi di arkitetura verbal di KKV é kel-mê ki nu ta atxa na otus kriolu ki ta izisti na mundu.

Purgunta ki pode kolokadu é komu foi pusível, pa nos povu, txiga na un tal strutura, ku un pertinénsia y ikonomia rei di grandi? Fakuldadi inatu é ka sufisienti dja ki el e sta prezenti na formason y akizison di kualker otu língua. Debe ser, anton, jéniu afrikanu, preménsia di kumunikason na kontestu undi el surji. El pode ser, tanbe, intilijénsia prátiku kurtidu na dór, na sufrimentu y na kontestu di duminason, tantu duranti skravatura, komu duranti rejimi kolonial. Pode ser, inda, tudu kes sirkunstánsia ki dipariba nu rafiri ki forja un tal restruturason.

Kualker ki ben ser raspósta, un kusa é sértu: arkitetura linguístiku di KKV é un dadu kultural nobu ki ben kontribui, di un fórma ki ningen ka pode nega, pa enrikisimentu di patrimóniu linguístiku di umanidadi.

Struturason verbal é apénas un elementu, inbóra rei di inportanti. Un otu aspétu igualmenti inportanti, é rakonfigurason di material linguístiku ki ben, partikularmenti, di matrís purtugês. Nu ta da kónta di es aspétu na pontu ki ta sigi.

Autonomizason di Material Linguístiku

Na nível funétiku-funolójiku, nu ta sisti, partikularmenti na variedadi di Santiagu, transformasons di alguns sons[3] y raduson di alguns ditongu. Asi nu ten alguns kazu di transformason sima /v/ na /b/; /z/ na /s/; /ʒ/ na /dʒ/; /ʎ/ na /dʒ/. Iz: *vaca* – baka; *casa* – kaza; *janta* – djanta; *milho* – midju.

Ralasionadu ku ditongus (si nu toma Santiagu pa raferénsia), nu ta diskubri raduson na alguns kazu, enbóra di fórma não sistemátiku: *baixo* > baxu; *caixa* > kaxa; *pai* > pai; *pau* > pó; *aula* > óla; *mau* > mau; *paulada* > posada; *pão* > pon; *algodão* > algudon; *beira* > bera; *feira* > fera; *feijão* > fixon; *Europa* > Orópa; *Eugénia* > Ojénia; *céu* > séu; *véu* > véu; *próprio* > própi; *armário* > armari; *brio* > briu; *noite* > noti; *doido* > dodu; *boi* > boi; *muito* > mutu; *cuidado* > kudadu; *gratuito* > gratuitu.

[6] É si ki fonéma /tʃ/ ben di «ch» di portugês kinhentista ki, na altura, ta pronunciada /tʃ/ y, oji, na purtugês modérnu ten son di /ʃ/.

Ralasionadu ku morfolojia, dja nu odja ma ten alguns partikularidadi na funsionamentu di jéneru, nunbru y dizinénsias verbal. Nu ka meste ripiti-s. Na aspétu semántiku, nu ta verifika ma ten autonomizason, tanbe:

Frazis en St.	Aseitabilidadi en St.	Material liguístiku na LP	Aseitabili. na Lp	Signifikason na Lp
N kume fixon	+	mim comer feijão	-	eu comi feijão
el dura ku ben	+	ele demorar em vir	-	ele demorou a vir
bu ten fidju bazadu	+	vós ter filho esvaziado	-	tu tens muitos filhos
dja dura	+	já demorar	-	há muito tempo
dja da-m kudadu	+	já dar me cuidado	-	já me inquietei
sta-m m'é verdadi	+	estar me (completiva) verdade	-	parece-me que é verdade
dja-l sabida	+	já ele sabido	-	já se tornou esperto
fase sima ki txuba ka kre kai	+	fazer assim que chuva não querer cair	-	parecia que não ia chover
di sumóla nhos kaba ku géra	+	de esmola senhores acabar com guerra	-	por favor acabem com a guerra
midju sa-ta gudja manenti	+	milho estar a agulhar permanentemente	-	o milho está a despontar (nascer)
mi gó!	+	mim agora	-	que me importa!
ah kanadja!	+	ah canalha!	-	paciência!

Ka ten dúvida ma material linguístiku rafiridu dipariba ben di Lp. Entritantu, autonomizason verifikadu é ka apénas na morfo-semántika, mas tanbe na morfolojia y na sintasi. Apezar di Lp ser un di kes dos matrís di KKV, izénplus ki nu kaba di da ta mostra, sen márjen pa dúvida, ma kes dos língua la, es é diferenti.

TRAVESIA NA DIZÉRTU

Lison 3º

3.1 – **Majistériu Kolonial**

Prusésu di afirmason di KKV pasa pa kaminhus kunpridu y skalabradu, na un dizértu séku toradu, undi, raramenti, ta surji algun oázis di speransa.

Entri séklu XV y XVIII foi ténpu di formason y di autonomizason. Duranti es piríudu, KKV pasa pa sobrisaltus normal, kes di formason di un língua na kontestu pluri-étiniku, pluri-linguístiku y ku nisisidadi vital di kumunikason y di ralasionamentu entri atoris sosial.

Notísia ménus pozitivu ki na referidu piríudu nu konsigi rajista é kel sobri Anónimu di 1784 (kf. Carreira, 1982:27) ki ta fla:

> *"Até os mesmos brancos são pouco civilizados, de sorte que são bem raros os que sabem falar a língua portuguesa com perfeição, e só vão seguindo o estilo de falar da terra, que é uma corruptela tão rústica que se não pode escrever".*

Kel Anónimu li debeba ser un "purista" pa kenha, na altura, "*estilo da terra*", KKV, el kreba fla, parse ma sa-ta enkomodaba. Entritantu, omésmu ténpu ki el ta dizignaba-el "*corruptela rústica que se não pode escrever*", el ta rakonhiseba na el, indiretamenti, un statutu sosial mutu grandi óki el ta flaba ma "*... até os brancos se tinham acostumado a esse estilo*" y ki, trokadu kel-li, dja es skeseba di língua purtugês.

Konkluzon ki ta parse-nu ma pode tradu é kel-li: na altura, KKV staba ku algun prestíjiu, ô, peluménus, ku grandi utilidadi. É sértu ma razon di el ka ta skrebeda é pamodi si skrita e ka éra nen ensinadu, nen aprendidu. Gentis branku, "*pouco civilizados*", dja es skeseba di ses língua, suguramenti, es ka sabeba skrebe-l, di mésmu fórma ki es ka sabeba, tanbe, skrebe "*o estilo da terra*" ki es ka txiga di prende.

Pa diklarasons di Anónimu di 1784, nu fika ta sabe ma ensinu éra skasu. Aliás, el ta fla-nu na mésmu dukumentu (Carreira, 1985:27):

> "... *a pouca aplicação às letras e estudos procede de outro princípio, que é a sua pobreza a que está reduzida a terra, porque não tendo os pais com que possam sustentar os filhos no estudo, nela mesma, como poderão mandá-los para o Reino estudar na Universidade...*".

É klaru ma dja ki Lp, na altura, ka tinha instrumentus pa si afirmason y difuzon, KKV ki, tanbe, ka tinha es mésmus instrumentu, mas ki éra língua di kotidianu, el komesa ta ta ganha spasu, y mésmu prifiridu, ti mésmu pa gentis branku. Nu ta konsidera signifikativu sitason (Ferreira, 1973:128) ki ta fla ma na 1761 Marquês de Pombal

> "*procurou fomentar o ensino das línguas vernáculas mandando criar em Goa um Colégio de Naturais, a fim de nele se ministrar a instrução das línguas vernáculas e exigia dos prelados que só nomeassem para vigários e sacerdotes os que por meio de exame especial provassem a sua competência na língua como antes muitas vezes se tinha determinado*".

Na séklu XIX, entritantu, situason komesa ta muda radikalmenti. Kriadu liseu-siminária di S. Nikolau (1886), y nunbru di skólas tanbe omenta. Ku es instrumentus edukativu, ensinu di Lp dizenvolve y komesa ta surji puristas di purtugês ki ta konsideraba kriolu kabuverdianu komu inpidimentu pa dizenvolvimentu di Lp y inda komu obstaklu pa "*unidadi di Inpériu*". Géra abértu kóntra KKV, pa alén di ataka-l, ta proiba-el na adiministrason y na stabilisimentus di ensinu. Tal situason ki prolonga ti konkista di Indipendénsia Nasional (1975) ta raprizenta un gólpi duru pa pristíjiu y pa dizenvolvimentu di nos língua matérnu.

3.2 – **Anátimas glotofajista**

Sima ki proibison di uzu di KKV ka txiga, parse alguns algen ki, duranti séklu XIX, manifesta kóntra es "*stilu di téra*", ku diklarasons altamenti ofensivu. É si ki na prinsípiu di séklu XIX, António Pusich, sitadu pa Manuel Ferreira (op. cit, 1973:128) na ta pâpia di gentis di Kabuverdi, el fla:

> "A *língua que usam é um ridículo crioulo, diferente em cada ilha na pronúncia, em muitos termos, sendo como vergonha entre eles, e mui particularmente entre as mulheres, o falarem e o usarem o idioma do Reino*".

Si, na altura, gentis tinha vergonha di uza y di pâpia idioma di Reinu é pamodi KKV tinha más vitalidade y algun prestíjiu sosial ki eliti más konprometidu ku valoris di Portugal so es ka ta odjaba y es ka ta setaba pamodi es ka kreba.

Otus anátima, inda más ofensivu, ba ta surji: Kel mésmu autor (p.129), el ta pâpia di José Conrado Carlos de Chelmichi y Francisco Adolfo de Varnhagen ki, na 1841 afirma:

> "... *são apenas os filhos de Portugal que ainda falam a língua portuguesa; e mesmo estes acostumam-se logo à ridícula linguagem do país, geralmente usada e chamada língua crioula, idioma o mais perverso, corrupto e imperfeito, sem construção, sem gramática e que se não pode escrever*".

Li tanbe nu ta nota forsa di KKV, apezar di anátimas di autoris sitadu dipariba. Si es língua éra ton "*perversa e corrupta*", sen konstruson nen gramátika, pamodi ki el éra largamenti utilizadu pa "filhos da terra", y mésmu "os filhos de Portugal" staba kustumadu ku el, na palavras di autoris ki dipariba nu sita (nu sta na 1841) y própi *Anónimo de 1784* (op. cit.) el ta rakonhise ma poku gentis di Portugal sabeba, ku perfeison, pâpia es língua y, trokadu kel-li, so es ta sigiba "*o estilo da terra*"?

Dianti tudu kel-li, modi nu ka al rakonhise prestíjiu di KKV na séklus XVIII y XIX?

Mas anátimas bai más lonji. Na 1844, José Joaquim Lopes de Lima el pâpia di KKV y el fla ma el é

> "*gíria ridícula, composto monstruoso de antigo português, e das línguas da Guiné, que aquele povo [o Caboverdiano] tanto preza e os mesmos brancos se comprazem a imitar*" (Ferreira,1973:129).

Na es diklarason nu ta odja, tanbe, forsa sosial di KKV. Si el é un "*composto monstruoso*", pamodi kabuverdianus gosta tantu di el y mésmu gentis branku "*se comprazem a imitá-lo*?

Mésmu na séklu XIX, kenha ki ta atakaba KKV es ta dexaba ntende (talvês inkonsientimenti) ma el tinha prestíjiu sosial. Un di es vós éra António José do Nascimento Moura (Ferreira, 1973: 130-131) ki na 1934, na Kongrésu di Antropolojia Kolonial el afirma ma KKV: "*embora proibido no liceu*" é preferidu pa alunus ki ta uza-l "*constantemente, durante os recreios, fora do liceu e em casa, salvo poucas exceções*". Kel mésmu kongresista-li el ta kondenaba kes branku ki "*animam este uso aprendendo o crioulo logo que chegam da Europa, usando-o no trato doméstico e educando os seus filhos a falarem-no, quase com exclusão do português*". El kontínua ta afirma ma "*o crioulo [...] não favorece a unidade do Império*" y, pur isu, "*se deveria aconselhar que se procurasse expandir e aperfeiçoar o uso da nossa língua, utilizando se for preciso meios coercivos nos edifícios públicos e em actos oficiais se proibisse o emprego do crioulo*".

Di tudu es anátimas, un konkluzon pode tradu: KKV staba fortimenti inplantadu na sosiedadi kabuverdianu na séklu XIX y prinsípiu di séklu XX. Opozison sénpri di alguns eliti ménus intensionadu ta kaíba na un gravi kontradison óki, di un ladu, es ta disprezaba kriolu; y, di otu ladu, es ta rakonhiseba ma el éra un língua papiadu pa gentis di téra y, mésmu, gentis branku kustuma ku el na pontu di es skese di purtugês. Defetu ki es ta atribuíba KKV ta parse ma éra más pulítiku ki linguístiku y sosial.

Oji nu sta konvensidu ma na séklus XVIII, XIX, y mésmu na prinsípiu di séklu XX, KKV tinha grandi aseitason popular, apezar di atakis verifikadu. É na diskursu di opozitoris ki nu ta atxa argumentu di diféza di KKV duranti kes piríudu-la. Y si grandi maioria di kabuverdianus ta uzaba, kuazi ki skluzivamenti, si própi língua, na si dia-a-dia informal y vivensial; y, inda, si própi gentis branku ta daba el preferénsia, é motivu pa purgunta kal di kes dos língua la tinha más utilidadi sosial.

Óki oji ta afirmadu ma purtugês foi sénpri língua ku prestíjiu más grandi, talvês es prestíjiu éra más pulítiku ki sosial, un prestíjiu rakonhisidu pa un klasi minoritáriu dja ki pa grandi públiku, língua utilizadu éra, sobritudu, KKV.

Sobri es kiston, nu obi kusé ki Manuel Ferreira (1973:131-132) ta fla:

> "*Sejamos coerentes. E sensatos. Não devemos nem podemos privar um povo da sua manifestação de personalidade e vivência. A língua portuguesa não será salvaguardada numa luta em que, pela coacção, tenda a esmagar o dialecto, qualquer que ele seja*".

Es pensamentu kontinua atual y pertinenti. Nu odja, anton, modi ki é inútil "*privar um povo da sua própria personalidade e vivência*" na lison ki ta sigi.

ALGUNS LUS NA ORIZONTI

Lison 4º

4.1 – **Ozadia di António de Paula Brito**[4]

Si na séklu XIX disprézu pa KKV foi grandi, é na es mésmu séklu, tanbe, ki alguns difensor di nos língua matérnu komesa ta puzisiona, ka so ku diskursu ô diklarasons, mas tanbe ku trabadjus, na kanpu gramatikal.

António de Paula Brito é un nómi ki ka pode skesedu na prusésu di afirmason di KKV. Foi na 1888 ki el skrebe si "*Apontamentos para a Gramática do Crioulo que se Fala na Ilha de Santiago de Cabo Verde*".

Na un verson bilingi, autor ta fla na didikatória:

> "*... é promèru trabajhu d'ês kolidadi ki nu tẽ, sẽdu sertu ki pâ'm fazê'-l î ka achâ' ũ só iskritu kiriôl pâ sirbi' -m di moldi*".

Studu di *António de Paula Brito* (*APB*) ta trata, enbóra di fórma inda poku dizenvolvidu, di kistons funétiku-funolójiku, morfo-sintátiku y el ta traze, inda, un glosáriu pikinóti, kriolu-purtugês.

Trabadju ki nu sa-ta rafiri é rei di inportanti. Purmeru pamodi na un altura ki ta flada ma KKV ka tinha gramátika, skrebe "*Apontamentos para a Gramática do Crioulo*" éra pasa un atestadu di ignoránsia pa kes "*ilustres professores ou doutores*" ki ka ta konkordaba ku el.

---

[7] Cf. Crioulos, reedição de artigos publicados no Boletim da Sociedade de Geografia de Lisboa, Introdução e Notas de Jorge Miranda Barbosa, Lisboa, 1967.

Trabadju di *APB* é linguistikamenti inportanti, mas tanbe é inportanti pulitikamenti.

Di pontu di vista linguístiku, filólogu *Francisco Adolfo Coelho* ta diklara:

> "*O trabalho do sr. A. de Paula Brito, conquanto não seja, visto isso, o primeiro sobre o assunto, merece a publicidade, porque contém muitos dados novos e, sobretudo, porque tem por objeto o estudo especial do dialecto de Santiago, que o autor fala desde a infância*" (op. cit, p. 333).

Dja ki el é "*o primeiro sobre o assunto*", kel-li ta konfiri-l un lijitimidadi stóriku sen presedenti; fákutu inda di el surji na mumentu ki gramátika di kriolu éra kontestadu ta da-l un sentidu di raivindikason lejítimu ralasionadu ku un statutu ki na altura ta flada ma KKV ka tinha.

Skrebe "*Apontamentos para a Gramática do Crioulo*" éra mému kusa ki rakonhise ma KKV tinha dignidadi di língua.

Un otu inportánsia di trabadju é pamodi el sta skritu na KKV, ku un verson na purtugês. Ka ta dexa di ser interesanti pâpia di gramátika di un língua na própriu língua ki é obijétu di es studu gramatikal.

Finalmenti, un otu inportánsia ki nu ta rakonhise ma "*Apontamentos para a Gramática do Crioulo*" ten é pamodi el utiliza un mudélu di alfabétu na 1888, un mudélu ki so ta ben sérba internasionalmenti rakonhisidu ma e tinha un bazi sientífiku a-partir di *Ciclo Linguístico de Praga*, na 1916, ku Troubetzkoy, Jacobson, Martinet, entri otus. É un mudélu di bazi funolójiku, undi kada graféma (ô unidadi grafemátiku) ta korusponde un funéma y visi-vérsa. Fladu di otu manera, é un mudélu undi kada letra ô dígrafu ta korusponde sénpri un só y úniku son, y visi-vérsa.

Nu ta konsidera *A. de Paula Brito* prekursor di mudélu di alfabétu propóstu na Kabuverdi na 1979 y ratomadu pa ALUPEC na 1994.

Na 1979, kuandu foi propostu alfabétu di bazi funétiku-funolójiku, proponentis ta diskonxeba propósta di *A. de Paula Brito* ki, 91 anu antis, el tinha sujeridu mésmu mudélu di alfabétu. Y si es mudélu éra konxedu pa proponentis di 1979, provavelmenti alfabétu rakumendadu na altura pa skrita di KKV ta sérba, sertamenti, diferenti, kér-dizer, más prósimu di kel di *A. de Paula Brito*.

Nu ten ki rakonhise ma *A. de Paula Brito* foi un pioneru na luta formal pa valorizason di KKV, através di un studu altamente signifikativu pa si kontiudu kultural, pa si inportánsia linguístiku y pa si signifikadu pulítiku.

Foi un atitudi kurajozu y si oji nu kontínua ta difende u-ki désdi 1888 A. *de Paula Brito* ta difendeba é apénas pamodi razon sta di nos ladu, un razon ki própi Stória ta rakonhise.

4.2 - **Tentativas Pioneru di *Cónego Teixeira***

Dja na prinsípiu di séklu XX, ndému, na 1903, un profesor di Siminário di S. Nikolau, Cónego António Manuel da Costa Teixeira, publika un "*Cartilha*" (edições coloniais, Porto) ku nómi di "*Cartilha Normal Potuguesa*".

Enbóra nómi ta parse ma ka ten nada ku KKV, skritor Manuel Lopes ki, na altura ki nu pâpia ku el, el tinha 92 anu, fla-nu, ma el e txiga di studa alguns aspétu rudimentar di KKV, pa purmeru bes, na "Cartilha" di Cónego Teixeira. Kel-li ta signifika ma inisiativa di Cónego Teixeira, enbóra inda poku abranjenti, el ten un grandi inportánsia. Kenha ki ta skrebe y ta ensina kartidja di un língua é pamodi el ta rakonhise inportánsia di es mésmu língua.

Es *Cartilha* ta marka un sértu pionerismu na luta pa afirmason di KKV. Na verdadi, ka ta ensinadu u-ki ka ten valor ninhun ô, anton, u-ki ta bai kóntra otus valor izistenti.

Y si, apezar di un klima, na altura poku favorável, autor entende ki na funsionamentu di KKV tinha un saber ki éra bon ser splisitadu y aprendidu, é pamodi el ka ta konkordaba ku skluzivismu di purtugês, ku pulítika diskriminatóriu ki ta odjaba KKV komu un trapadjada, ralasionadu ku purtugês, el sin, konsideradu língua di sivilizason. Y si tinha un koréntì ki ta pensaba di es manera, anton *Cartilha* ki inda nu ka konsigi diskubri, y si autor, es ta sinbuliza un sértu pioneirismu na afirmason di KKV.

4.3 – **Majistériu di *Pedro Cardoso***

Pedro Cardoso éra un profesor ki ta interesaba pa prezervason di tradison kultural kabuverdianu – razon pamodi el publika, na 1932, *Folclore Caboverdeano* – mas tanbe el ta interesaba pa diféza y afirmason di kriolu. Txeu bes y di fórma polémiku, el difende, publikamenti língua matérnu di si povu.

El própi el fla ma

> "*já em 1922 [ele] se insurgia, em artigo publicado no mensário O Manduco, contra a aleivosia bolsada pelos que responsabilizavam o dialecto crioulo pelo nosso atraso, fazendo-o bode expiatório de todas as nossas desgraças*".

Ka ta dexa di ser stranhu ki, 77 anu dipôs di es afirmason di *Pedro Cardoso*, natural di ilha di Fogu, nu ben obi, na Julhu di 1999, na altura di purmeru revizon di nos Konstituison, un diputada, el tanbe di ilha di Fogu, ta afirma, ku ar profesoral ma

> "*... a oficialização do crioulo, em paridade com a língua portuguesa, neste momento, representa um retrocesso civilizacional para o País*".

Kuriozamenti, lison di *Pedro Cardoso* ka foi aprendidu, el ki na 1933, nun konferénsia ki el fase na un tiatru ki, na altura, tinha nómi di *Virgínia Vitorino*", oji Sinéma di Praia, na Platô, el fla:

> "*Não assustem, portanto, os zelosos patriotas com o moroso desenvolvimento da colónia; não desanimem os professores com o escasso aproveitamento dos discípulos. Da calamidade, se há alguma, somos nós e não o dialecto, os únicos responsáveis, pelo desleixo dos nossos deveres cívicos e profissionais*".

El kritika, inda, ignoránsia ô konspirason di "*zelosos patriotas*", kuandu el diklara:

> "*Todos aprendemos a língua estrangeira tendo por instrumento a língua materna; saibam os professores de instrução primária servir-se do crioulo como veículo para mais rápido e profícuo ensino das matérias do programa a cumprir, principalmente do Português*".

Pa el, "*atitude civilizacional retrógada*" éra kel ki ta disprezaba ô ta prokuraba ratarda afirmason di língua matérnu y é pur isu ki el ta flaba pa kes "*zelosos patriotas*" :

> "*Em toda a parte, estudam-se e cultivam-se os dialectos regionais; só em Cabo Verde é que aparecem uns ilustres pedagogos a denunciar o Crioulo como trambolho, e se a mais não se atrevem é porque se podem levantar as pedras das calçadas*".

Pedro Cardoso ta asumiba komu difensor di afirmason di KKV y el ta konsideraba ma dumíniu ki el tinha di si língua matérnu tioxi ka prejudika dumíniu, tanbe, ki el tinha di purtugês, un dumíniu ki txeu di kes "*zelosos patriotas e professores*" ka tinha. Pur isu, el akrisenta:

> "*Como vedes, meus senhores, o cultivo do nosso crioulo não me inibe de, falando ou escrevendo fazer-me compreender em português corrente, um português do português antigo*".

Dja ki el sabeba ma u-mésmu ka ta kontiseba ku txeu di kes "*zelosos patriotas*", Pedro Cardoso diklara:

> "*... sentiria extremamente vexado se tivesse de pautar a* [sua] *linguagem quanto à prosódia e sintaxe pela de muitos professores, pela de muitos jornalistas, pela dos zelosos concidadãos que [lhe] censuram a caturrice de folclorista como atentatória da unidade do Império*".

El éra defensor di KKV, mas éra tanbe grandi konhisedor y pratikanti di língua purtugês. Diféza ki el ta faseba di si língua matérnu ka ta razumiba apénas na konferénsias ki el ta faseba y na jornalismu ki el ta pratikaba. El skrebe, tanbe, "*Noções Elementares de Gramática*" di Kriolu, un trabadju ki ta fase párti di si livru ***Folclore Caboverdeano*** y ki ta trata, inbóra di fórma inkonplétu, di aspétus funétiku, morfolójiku y sintátiku. *Cardoso*, pa alén di trabadjus di kontiudu linguístiku, di tomada di puzison pa diféza di KKV, através di konferénsias ô di artigus di jornal, el publika tanbe, puémas na KKV y rakódjas di tradison oral di Fogu. Oji, nos é grandis devedor di trabadju ki el dexa-nu. Pur isu, si nómi ta figura, tanbe, entri pionerus di diféza y di afirmason di nos língua matérnu.

4.4 - Lisons Puétiku di *Eugénio Tavares*

Eugénio Tavares foi un di kes puéta más grandi di kriolidadi. El skrebe, tanbe, na purtugês, língua ki el sabeba utiliza ku sabedoria di un méstri, mas foi sobritudu ses puezia na KKV ki notabiliza-l.

El nase na ilha di Brava, na 1867, y el móre na mésmu ilha, na 1930. El foi kontenporániu y amigu di *Pedro Cardoso*, y ele éra ménus pulémiku na diféza ki el ta faseba di KKV. Si livru ***Mornas - Cantigas Crioulas***, editadu na 1932 y reditadu pa Institutu Kabuverdianu di Livru na 1996, é un monumentu di alma y di sodadi kriolus.

Autor ta fase diféza di KKV komu língua literáriu y, di es fórma, el ta dexaba sen argumentu tudu kenha ki ta flaba ma KKV ka tinha régras, nen gramátika, y mutu ménus, inda, dignidadi literáriu.

El toma, alguns bes, si própi língua komu instrumentu literáriu y el konsigi armoniza, ku sabedoria, melodia di mórna, ku rítimu di si puezia.

Entritantu, sénpri ki el xinti nisisidadi di toma un puzison firmi, el ka ta dexaba di toma. É di es fórma ki na jornal ***O Manduco***, nº 11, di janeru di 1924, el afirma, sen tuntunhi:

> "*Desde que não seja possível negar que o Caboverdiano pensa; e que dispõe de palavras para dizer o seu pensamento; e que usa de regras para a arrumação dessas palavras; e que, finalmente, tais palavras e regras constituem o resultado de uma colaboração de elementos associados na colonização - fica admitida a utilidade do estudo dessas palavras e regras, como elementos para o estudo da colonização. E, se me não ilude a minha incompetência, esse estudo é que constitui a gramática*".

Pa *Eugénio Tavares*, studu di gramátika di KKV é ka apénas un kiston sientífiku ki ta kontribui pa afirmason di nos língua kriolu, mas tanbe un nisisidadi stóriku. Pur isu, el diklara na mésmu jornal ki dipariba nu rafiri: "*os dialectos coloniais, derivados da língua pátria, documentam a história da nossa colonização*".

Lisons di *Eugénio Tavares*, apezar di si inportánsia, es foi poku skutadu y tinha kenha staba ku medu di skrebe na KKV non trokadu kistons linguístiku, mas partikularmenti pa razons di merkadu. U-mésmu ka pode fladu di grandi nunbru di gentis di povu ki, sima *Eugénio Tavares*, es kontínua ta kanta, ta txora ta xinti, ta sunha y ta kumunika na KKV.

Plastisidadi literáriu alkansadu pa puéta bravensi é un próva provadu ma KKV pode ser un língua literáriu ku grandi spreson.

É nos dizeju pa lisons di *Eugénio Tavares* ser intiriorizadu, sobritudu pa kenha ki ta utiliza língua skritu na dia-a-dia y ki ses utenti, sima nos povu fase, komesa ta odja KKV non komu un obstaklu pa siénsia y pa kultura, mas komu un kondison pa bilinguísmu funsional y pa dizenvolvimentu intigral kontise na nos téra. Y, inda, pa pusibilita ki un párti di nos stória ka ser nen skesidu, nen kalafatidu, nen, mutu ménus, inda, negadu.

4.5 – **Aventura Lesikal di *Napoleão Fernandes***

Dja désdi anus vinti, di séklu XX, ki *Napoleão Fernandes* komesa ku si aventura lesikal. Natural di ilha di Brava, si pai éra di Santiagu y si mãi di Giné. Mutu sédu el diskubri ma u-ki, na altura, ta txomada di dialétu kriolu, pa si inportánsia, tantu linguístiku komu sosiokultural, ta mereseba ser studadu.

Entritantu, na altura, txeu di kes ki podeba fase studu di KKV, es ta konsideraba el komu un obijétu dimaziadamenti fatéla pa ten dignidadi di studu sientífiku.

Napoleão Fernandes tinha opinion diferenti. Pur isu, mésmu sen un formason spesífiku na dumíniu linguístiku, el ntende ma, pa dumíniu ki el tinha di si própi língua y pa spiriénsia adikiridu duranti txeu viájen através di tudu ilha, el podeba kontribui pa valorizason di un língua rei di útil pa sosiedadi, inbóra rei di disprezadu, tanbe, pa eliti ki ta difendeba eurosentrismu y skluzivismu luzitanu.

Livru ki el komesa ta skrebe, na 1920, na kantinhu sosegadu di si propriedadi di Galu-Kanta, na Santa Katarina, na ilha di Santiagu, el leba sérka di 40 anu ta konpila, y el móri na 1969, sen odja-l konkluídu.

Foi ku si filha *Ivone Ramos* ki trabadju, inda inkonplétu, kaba pa ser publikadu na 1991.

Pa alén di si valor etno-linguístiku é, sobritudu, si valor stóriku-kultural ki más ta surprende-nu. Na un altura ki "*os zelosos patriotas*", sima *Pedro Cardoso* ta flaba, es ta raklamaba supremasia y skluzivismu di língua purtugês; na mumentu ki KKV sa-ta sérba disprezadu y atakadu, *Napoleão Fernandes* surji ta dimonstra, di fórma indirétu ma, afinal, es língua tinha dignidadi, tinha direitu di ser obijétu di siénsia y di studu.

Atitudi di autor é kultural, mas tanbe é pulítiku. Ku enprendimentu di es óbra el sa-ta sérba koerenti ku el própi, na un projétu ki fika inkonplétu, mas ki ta traduzi un kaminhada di más di 40 anu di perkursu. Ku es óbra, *Napoleão Fernandes* ta rakonhise valor y dignidadi di si língua, mas tanbe el ta da si kontributu pa afirmason di un elementu inportanti di nos identidadi ki alguns inimigu di nos kultura kreba sufoka.

Ku tenasidadi di proprietáriu di Galu-Kanta, *Ivone Fernandes* konsigi publika, postumamenti, óbra ***Léxico do Dialecto Crioulo do Arquipélago de Cabo Verde***. Es óbra, enbóra el ka ten grandi párti di univérsu lesikal di KKV, el ta konstitui un raferénsia inportanti pa kualker otu studu lesikal ki fasedu dipôs, komu, pur izénplu, kel sobri ***O Crioulo de Cabo Verde - Matrizes Originárias***, publikadu en 2019, di nha autoria.

Pa tudu kel-li, nómi di *Napoleão Fernandes* ta fika rajistadu na galeria di kes ki, "*contra mar e vento*", luta ô sa-ta luta pa verdaderu sidadania di KKV ser rakonhisidu.

KONTRIBUTU DI LÉTRAS Y DI ARTI
Lison 5º

5.1 – **Studus y Ensaius**

Antis di Indipendénsia y duranti purmeru metadi di séklu XX txiga na nos konhisimentu dos trabadju sientífiku: ***O Dialecto Crioulo de Cabo Verde*[5],** de *Baltasar Lopes* e ***Contribuição para o Estudo do Dialecto Falado no seu Arquipélago*[6],** de *Maria Dulce de Oliveira Almada.*

Es é purmeru studu sientífiku sobri KKV ki nu konxe dja ki autoris di es dos óbra, es é purmeru kabuverdianus ki nos nu konxe y ki ten formason akadémiku supirior, na kanpu di língua. Kes dos studu ki nu rafiri, es ten un abordájen ki ta aprosima di kunpanheru na fórma diskritivu, na aspétus ligadu ku funétika y ku morfolojia.

Studu di *Baltasar Lopes* ta traze, inda, un rakódja lesikal, purtugês-kriolu, undi el ta rajista alguns realizason di purtugês y ses koruspondénsia na KKV.

Na es época, statutu sosial di KKV éra di dialétu y, pu razons di mentalidadi di época, autoris di studus ki nu sa-ta trata, es ka kontesta es statutu y es txiga, mésmu, di utiliza-l na titlu ki es da pa ses óbra.

Studa KKV ku bazi sientífiku foi y é un pasu signifikativu na prusésu di si afirmason. Dja é ka so kuriozus y nasionalistas ki ta rakonhise valor di es língua, mas tanbe gentis ku studu akadémiku.

[8] Es óbra foi publikadu pa purmeru bes na 1957 y reditadu na 1984 pa Imprensa Nacional-Casa da Moeda, en Lisboa.
[9] El foi publikadu pa Sociedade de Geografia de Lisboa, en 1961.

Argumentus di "*zelosos defensores da unidade do Império*" tinha ki ser otu dja ki gósi é gentis ku formason akadémiku y, purtantu, ku autoridadi kultural y sientífiku ki, através di ses studus, es sa-ta dimonstraba ma, afinal, KKV tinha régras, tinha gramátika.

Kontributu di es dos studiozu foi di grandi inportánsia, partikularmenti na aspétu sosiokultural. Nu ka ta duvida ma foi na sigimentu di kes dos trabadju ki nu rafiri, dipariba, ki txeu kabuverdianu pasa ta kridita ma, afinal, si língua tinha régras, tinha gramátika.

Inpaktu di kes dos óbra rafiridu ta sérba más grandi si autoris kontestaba sentidu dipresiativu di térmu dialétu, ki na altura ta utilizada pa dizigna nos língua. Ses inportánsia ta sérba, inda, más grandi si es txigaba di rakonhise duplu matrís di KKV (afrikanu y luzitanu) y non kolájen kuazi ki skluzivu ku matrís purtugês, sima Baltasar Lopes fase. Na verdadi, el skrebe[7]:

> "*nunca encontrei traço linguístico que se me tenha imposto como provindo necessariamente de um substrato africano. Apenas no léxico se nota a ocorrência de vocábulos a que, como disse atrás, atribuo origem africana, na impossibilidade de lhes encontrar étimo português, mesmo da fase arcaica ou média da vida do idioma. No entanto, mesmo essa contribuição vocabular, de tão magra quando confrontada com a origem reinol da quase totalidade do tesouro vocabular crioulo, não tem, a meu ver, significado relevante, no que concerne ao influxo da subjacência românica*".

Kontributu di Baltasar Lopes komu pioneru di studus sientífiku di KKV ka pode negadu. Entritantu, ta parse-nu ma, pa el, valor di KKV éra sénpri infirior di kel di purtugês. É pur isu ki na entrevista ki el da pa Michel Laban[8] el txiga di afirma ma, dja ki el ten purtugês ki é língua di sivilizason, el ka meste kriolu pa skreve si óbras.

Nos, nu ta speraba un intervenson más afirmativu di autor di *O Dialecto de Cabo Verde*, na anus ki ta sigi si publikason, na sigimentu di Indipendénsia di Kabuverdi, ralasionadu ku afirmason di língua kabuverdianu.

---

[7] Cf. O Dialecto Crioulo de Cabo Verde, Imprensa Nacional-Casa da Moeda, Lisboa, 1984:39 (a 1ª edição é de 1957).

[8] Cabo Verde. Encontro com Escritores, I vol., Fundação Eng. António de Almeida, Porto, 1992.

Mésmu kusa ka kontise ku *Maria Dulce de Oliveira Almada* (*Dulce Duarte*), dja ki si intervenson, partikularmenti dipôs di Indipendénsia, foi disizivu pa afirmason di KKV. Ku trabadjus di naturéza sosiolinguístiku, *Dulce Duarte* ta distansia di tezis eurosentrista y luzotropikalista; el ta rakonhise kes dos matrís di KKV; el é purmeru ki komesa ta difende statutu di "*língua matérnu*" y nãu di sinplis dialétu pa KKV; el bai kóntra ditratoris di kriolu; el aprizenta propósta di ensinu di purtugês ku metodolojia di língua sugundu y metodolojia di língua purmeru pa ensinu di KKV; el sujiri, inda, mididas di pulítika pa afirmason di KKV, nãu komu un subprodutu, mas komu un entidadi otónumu. Ta pertense-l, inda, alguns trabadju pioneru sobri diskriolizason y sobri kontributu di línguas afrikanu na formason di KKV.

Nu ka ten dúvida ma statutu di KKV komu língua matérnu, ofisialmenti rakonhisidu, é konsekuénsia di trabadjus y di intervensons di *Dulce Duarte*[9].

Komu kontributu di gentis di létra, nu debe rafiri txeu tomada di puzison di skritor Luís Romano y di Donaldo Macedo (na si tézi di mestradu) en diféza di KKV, u-ki, sertamenti, kontribui y sa-ta kontribui pa mudansa di mentalidadi ralasionadu ku statutu di nos língua matérnu. Igualmenti, dadus stóriku, sosiolójiku y demográfiku aprizentadu pa storiador António Carreira y ki entra na formason di KKV, ben traze alguns lus sosioliguístiku ralasionadu ku si matrizis tantu afrikanu komu luzitanu[10].

5.2 – **Vós di Puezia**

Tantu antis komu dipôs di Indipendénsia, puezia, na kriolu, sénpri y di fórma diskrétu, kontribui y sa-ta kontribui pa afirmason linguístiku y literáriu di KKV.

---

[9] Foi el ki na Otubru di 1978, kuandu N tirmina lisensiatura, na Linguístika Jeral Aplikadu, na dia ki N bai aprizenta na Ministériu di Idukason y Kultura, el rakruta-m, na es mésmu dia, pa N bai diriji Dipartamentu di Linguístika, di Direson-Jeral di Kultura.

[10] Ralasionadu ku lugar undi KKV naxse, leitor interesadu pode konsulta kontiudu di **Anéksu D** ki ta ben na fin di es livru.

Eugénio Tavares, sima dja nu txiga di fla, na otu lugar, foi kenha di fórma más signifikativu, komesa ta molda, ku supórti di KKV, nos alma kriolu.

Na mésmu trilhu, otus puéta y trovadoris da, tanbe, un nobu inpulsu pa KKV óras ki es ta uzaba si gramátika y si lésiku pa kanta amor, pa selebra nos vivénsia y nos manera di ser, pa sunha, pa kontesta ô pa raklama: B. Léza, Sérgio Frusoni, Jorge Pedro Barbosa, Kaoberdiano Dambará, Kwame Kondé, Anu Nobu, Ovídio Martins, Corsino Fortes, Manuel d'Novas, Kaká Barbosa, Tomé Varela, Daniel Spínola, José-Luís Hopffer Almada, David Hopffer Almada, Pedro Rodrigues, Betú, Antero Simas, Zezé di nha Reinalda, Frederico Hopffer Almada, y tantus otu ki, através di ses péna, di ses puezia y melodia, es kontribui pa un midjór plastisidadi literáriu y muzikal di KKV.

Djuntu ku tudu es puétas pioneru di kriolu literáriu, nu debe inklui nómi di Ariki Tuga[11], (tanbe konxedu pa Badiu Branku), un purtugês ki kandu el diskubri Kabuverdi el dexa di ladu si própi língua pa el komesa ta skrebe si puezia unikamenti na kriolu, y ku kel-li razulta dos óbra interamenti na kriolu: ***Sen Mantxóntxa*** (edison di autor, 1991) y ***Kunba***, ICL, Praia, 1993.

Produson puétiku di nos skritoris é un di kes tistimunhus más elokuenti non so di izisténsia di nórmas y di régras di gramátika na KKV, mas tanbe di si potensialidadis y plastisidadi literáriu. Si studus ensaístiku y trabadjus jornalístiku kontribui pa afirma es izisténsia, vós di puezia kontribui pa afirma y pa dimonstra izisténsia di nórmas y di régras. Pur isu, KKV ta fika iternamenti rakonhisidu di si puétas y trovadoris.

5.3 – **Melodia di Múzika**

Múzika, talvês, más ki literatura, el é di kes grandi labratóriu y di kes grandi kanpu undi afirmason y dignifikason di KKV kontise y sa-ta kontise.

[11] Nómi di batismo: Henrique Lopes Mateus. El éra purtugês, mas el kreba ser kabuverdianu na nómi ki el adota. El móre na 24/10/1995, ku sérka di 40 anu, dipôs di da un grandi kontributu pa Dipartamentu di Tradisons Oral, tantu na rakódja komu na transkrison. El kolabora, inda, di forma signifikativu na levantamentu lesikal di undi razulta **Disionário Caboverdiano-Portugês**, di nos autoria.

Ku un stória ki komesa désdi inísiu di formason di nos língua, el ta raprizenta, di un ladu, un di kes aspétu más dinámiku di nos kriatividadi y di idiosinkrazia di nos povu; di otu ladu, el é un di kes mutor más potenti na konstruson di unidadi nasional. Na verdadi, ku múzika, nu ta kanta, nu ta da konsedju, nu ta kritika, nu ta divirti, nu ta ensina. Óra, supórti instrumental di tudu es asons é, sobritudu, língua kabuverdianu. Riku ô póbri; letradu ô iletradu; rizidenti ô emigranti; na sidadi ô la fóra; kriansa ô adultu, tudu sosiedadi ta djunta mon y ta konfraterniza y ta konpartilha un mésmu univérsu muzikal. Na batuku, funaná ô kotxi-pó; na mórna ô na koladera; na kola San Djon ô na *kurkutisan*; na konta stória ô na rítimu di tabanka, nos povu ta tistimunha rikéza di melodias ki el inventa, mas tanbe nórmas di gramátika di si língua ki el kria, pa veikula, pa kumunika y pa interpreta si mundu y realidadis envolventi.

Sénpri integradu na realidadi sosiokultural, múzika ki nu ta kria y nu ta kanta ta fase párti di nos idiosinkrazia. Y kel-li na konpasu, na kontiudu, na melodia, na material y na nórmas linguístiku ki el ta integra y ta formata-l.

Nu ta konsidera, inda, ma múzika kabuverdianu é elementu kultural ki kontribui más pa projeta nos Téra na mundu, através di si melodia y di vós di si artistas, ku un supórti gramatikal pa konfigura sentidu, pa leba Kabuverdi pa mundu y pa traze mundu pa Kabuverdi[12].

Komu sinblu di razisténsia y di rakonstruson nasional, múzika kabuverdianu, en stretu kolaborason ku kriolu, ki é si supórti izisténsial más grandi, el luta kóntra skravatura; el enfrenta duréza di rijimi kolonial; el kritika y el konsedja "puder" y sosiedadi, na Purmeru y na Sugundu Rapúblika; el mobiliza y el dismobiliza eleitoris; el distrai kriansa y el diverti jovens y adultus; el konsola y el anima kenha ki sta tristi ô ki sa-ta sufri; el liga y el aprosima emigrantis di Téra undi es nase y di rinkon di ses antipasadu; el da susténtu pa txeu algen ki fase di el un txon di simentera y un lugar pa fase kodjéta, na un azágua intenporal.

[12] Na es «quesito», kontributu di artista-intérprit Cesária Évora foi disizivu.

Múzika, pa alén di da txeu kontributu pa afirmason y valorizason di KKV, el transporta nos mundu pa otus orizonti, pa otus kultura, u-ki kontribui pa un konhisimentu más grandi di nos povu, na planéta. Kel-la omenta ruspetu y amor ki mundu ten pa nos.

Nu ka pode skese, tanbe, ma nos múzika é u-ki el é, pamodi el ten kriolu komu supórti. Es é sima dos armun ki un ka ta pode vive sen kelotu, ku kunplisidadi na konstruson (di pasadu, di prezenti y di futuru) di antropolojia di nos ilhas ki ten ómis (ki ta pensa, ki ta kanta, ki ta kumunika y ta trabadja) komu si prinsipal rikéza.

Nos múzika ten dignidadi y é riku, di mésmu fórma ki nos kriolu, tanbe, é riku y é dignu. Anton, ka ta da pa ntende pamodi ki ten gentis ki ta pristijia nos múzika y ta dispreza nos kriolu. Kel-li so pode ser falta di konhisimentu ô, anton, inkoerénsia di kenha ki ka kre seta u-ki é evidenti.

5.4 – **Forsa di Nos Tradison**

Si múzika txiga la undi el txiga, é pamodi el parti di tradison y el stevi ligadu ku si prusésu di evoluson y di transformason.

Tradison kultural di nos povu é raferénsia fundamental na kaminhada ki nos povu fase désdi ténpu di skravatura, ti óra di liberdadi y di prugrésu, ki sta inda en konstruson.

Nos tradison, komu matrís di nos vivénsia y di nos transformason, el ta raprizenta un forsa ki ka pode ser substimadu na intiriorizason di kultura ki ta envolve-nu y ta karatiriza-nu.

Língua é un di kes elementu ki ta forma tradison, mas tanbe ki é formadu pa es mésmu tradison. Nu pode mésmu fla ma tradison foi un kantinhu undi KKV atxa gazadju, na ténpu di pirsigison y di txeu anátima.

Na kanpu, na rodói di vilas y sidadis, na lugaris di pratika majia ô kultu ralijozu, nos povu, skudadu ku arma di tradison, el razisti dianti di atakis di etnosidas y di glotofajistas.

Ralasionadu ku língua, razisténsia ta kontaba ku alguns kanal: trabadjus di azágua, kantigas di trabadju y prátikas ralijozu; serimónia di guarda mininu kabésa, di kazamentu y di mórti; na ténpu di diskansu y di diverson; na medisina tradisional y na edukason informal.

Na tudu prátikas ki nu kaba di rafiri, língua di kumunikason, di transmison ô di sensibilizason éra KKV. Morgedjadu ô rakuadu di opozitoris, KKV, na konpasu di tradison ki el ta djuda preserva y veikula, el ba ta afirma, ta diversifika y ta autonomiza. Na batuku ô funaná, na kontus "*di bóka noti*" ô na serimónias di "*guarda kabésa*", na "*béspas*" ô na prátikas di midisina tradisional, língua veikular éra unikamenti KKV.

Óki opozitoris staba afastadu di vivénsias di "país profundu", gramátika y lésiku di kriolu ba ta diversifika, ba ta sistematiza, ba ta autonomiza.

Ténpu ba ta passa, anu dipôs di anu, difensoris di rijimi kolonial, obsekadus ku lei di "*Fé y di Inpériu*", es ka da kónta ma éra un lokura y un bakandésa "*priva un povu di manifestasons di si personalidadi y di si vivénsia*".

Ku diskubérta, enbóra tardi, ma alguns manifestason ta bai kóntra pulítika glotofajista di rijimi, es komesa ta inpô leis ki ta proíbi uzu di u-ki es ta txomaba di "*dialétu*". Kes proibison-la so sirbi pa disperta, inda más, sensibilidadi nativista di tradisionalistas y di kenha ta odjaba na tradison un fonti di referénsia stóriku-kultural.

É si ki foi pusível rakódja y publikason, na 1923, di ***Folk-Lore from the Cape Verde Islands*** (pa Elsie C. Parsons); ***Elzimparim***, di Luís Romano; ***Cantigas de Trabalho***, di Osvaldo Osório, 1980; txeu trabadju di T.V. da Silva - ***Finason di Nha Násia Gomi***, 1985; ***Na Bóka Noti***, 1987; ***Nha Bibinha Kabral: Bida y Óbra***, 1988; ***Nha Gida Mendi: Simenti di Ónti na Txon di Manhan***, 1990; ***Ténpu di Ténpu***, 1992; ***Konparason di Konbérsu***, 1997.

É trokadu razisténsia di nos povu ki surji tradisionalistas y grupus di múzika tradisional sima Kaitaninhu, Kodé di Dóna, Séma Lópi, Ntóni Denti d'Oru, Anu Nobu, Norberto Tavares, Kaká Barbosa, Pantera, Bulimundu, Finason, Féru Gaita, entri otus.

Sen es razisténsia, ka ta izistiba kel konjuntu di tradison oral na Institutu di Patrimóniu Kultural y txeu artista ka ta tinha fonti di inspirason pa ses óbra literáriu y muzikal.

Tradison veikuladu unikamenti na kriolu é matrís di grandi párti di nos mundivivénsia. Pur isu, talvês el é spasu sosial ki midjór kontribui pa nos língua dizenvolve, diversifika, sistematiza y autonomiza.

NA TXON DI INDIPENDÉNSIA

Lison 6º

6.1 – **KKV na Diskrison Strutural**

Valorizason di un língua ka ta limita apénas na diskursus di afirmason, di izaltason y di diféza. El ka pode sta ralasionadu apénas ku trabadjus ligadu so ku un diterminadu spreson linguístiku ô grupu dialetal.

Ku konkista di Indipendénsia, kondisons pa studu más abranjenti y más indipendenti midjora.

Alguns trabadju diskritivu surji na purmerus anu di Indipendénsia. É si ki na 1982 foi publikadu un trabadju di nos autoria ku titlu di *Diskrison Strutural di Língua Kabuverdianu*; na 1983 un otu trabadju di autoria di João Pires y John Hutchinson, ku titlu di *Disionáriu Preliminári u Kriolu*; na 1989, Eduardo Cardoso publika un livru ku titlu di *O Crioulo da Ilha de S. Nicolau de Cabo Verde*.

Tudu es trabadjus traze más oksijéniu pa studu di KKV.

Nu komesa ku Diskrison Strutural di Língua Kabuverdianu. El é un análizi diskritivu di kuatu varianti di KKV: kel di Santiagu, kel di Fogu, kel di S. Visenti, y kel di Santu Anton. El é razultadu di un spiriénsia di ensinu sobri strutura di KKV, inisiadu na 1980. Ku análizi diskritivu y konparativu di kes varianti ki nu kaba di da obijetivu éra tenta dimonstra ma ta izistiba un úniku kriolu na Kabuverdi, ma el tinha un strutura otónumu, ma variasons ta izistiba apénas na nível di superfísi.

Un otu novidadi di es trabadju é pamodi el sta skritu interamenti na kriolu (variedadi di Santiagu), ku exseson di Introduson y di Prefásiu ki sta na purtugês. Objetivu di autor éra presta omenájen pa variedadi matrís di tudu kes otu varianti dialetal, mas tanbe mostra ma ka tinha razon kenha ki ta flaba ma kriolu ka ta sirbiba pa dumínius di siénsia. El é purmeru studu diskritivu y konparativu di kes kuatu varianti ki nu da dipariba, y el ta marka un nobu etapa na prusésu di valorizason y di afirmason di nos língua matérnu.

Di mésmu manera, *Disionáriu Preliminári u - Kriolu* é otu kontributu inportanti pa fiksason lesikal y pa diskubérta di metalinguájen di KKV. Dizignason "preliminráriu" ta dexa ntende ma inda é ka un óbra konplétu, nen difinitivu, mas apénas un kontributu y un projétu ki ta bai ta dizenvolve, sima, aliás, própi autoris ta rakonhise na Introduson. Publikadu na Boston, undi ta izisti prugrama di ensinu bilingi, kriolu-inglês, el é sen dúvida un instrumentu pa materializason di es referidu prugrama.

Pa otu ladu, trabadju di Eduardo Cardoso, ta raprizenta, tanbe, un kontributu pa afirmason di KKV. Aliás, afirmason ki nu fase na si Prefásiu é ilusidativu:

> "*O trabalho de Eduardo Cardoso é particularmente importante no que tange ao aspecto descritivo da variante estudada (a de S. Nicolau). O aspecto comparativo é mais implícito do que explícito. Seja como for, trata-se de um tributo muito válido para o estudo da língua caboverdiana*".

Tudu kes trabadju ki, dipariba, nu kaba di rafiri, e ka inda konplétu y abranjenti, mas es é inportanti, komu kontributu. Na verdadi, es ta abri kaminhu pa KKV bua más altu na prusésu di si studu, afirmason y valorizason.

6.2 – **Na Arti Romanesku**

Si antis di Indipendénsia surji un korajozu, sima Eugénio Tavares ki skrebe na kriolu y ku susésu, grandi párti di si puezia, entritantu, na es época, ningen ka xinti korájen di skrebe un romansi, na kriolu.

É dipôs di Indipendénsia ki skrita di un romansi, interamenti na kriolu, ta ganha spreson. Dos trabadju pioneru ta enrikise bibliografia kriolu: ***Odju d'Agu***, di Manuel Veiga, publikadu na 1987 y ***Natal y Kontus***, di T.V. Da Silva, publikadu na 1988.Tudu es dos trabadju é inspiradu na tradison oral di nos povu. Más ki ladu literáriu, é ladu linguístiku y kultural ki autoris ntende reafirma. É si ki, sobri ***Odju d'Agu,*** puéta y ensaísta José-Luís Hopffer Almada, na ta rafiri sobri si autor, e fla ma el:

> *"...publica na segunda metade dos anos 80 ... o primeiro romance em língua caboverdiana. Romance de iniciação aos meandros da nossa língua no que ela contém de riqueza metafórica e analógica, consubstanciada em ditos, provérbios, adivinhas, reelaboração de estórias, crenças e costumes tradicionais. Odju d'Agu é, à semelhança do moderno romance africano, uma feliz recriação da oralidade, e da espiritualidade a ela subjacente, pelas técnicas do romance moderno [...]. No que respeita ao seu conteúdo, Odju d'Agu é assim a história da viagem iniciática das personagens (a subentender os diversos tipos de caboverdiano) pelo mundo das suas origens enquanto país africano [...]. Deste modo, Odju d'Agu constitui como que uma síntese de toda a história caboverdiana - desde a sua génese escravocrata e latifundiária até aos primeiros anos da Independência plasmada em Santiago, mas com afluentes pelas outras ilhas e pela diáspora. O romance [...] constitui assim como que uma reformulação de todos os pressupostos estético-ideológicos da claridosidade, pela sua negação, por um lado, particularmente do lusotropicalismo, e pela sua complementação, por outro lado, pela inserção de toda a problemática social do morgadio, do racismo, da africanidade, de uma certa negritude crioula e de toda a idiossincrasia santiaguense na saga literária caboverdiana. E é nesse aspecto, a par do facto de ter sido integralmente escrito em Crioulo, que reside a inquestionável importância de Odju d'Agu. Não é pois descabida a asserção do professor Gerard Moser, segundo a qual Odju d'Agu é comparável, em certos aspectos, a Pilgrims Process ou a Roots".*[13]

Kualker ki ben ser interpretason ki dadu ***Odju d'Agu*** y ***Natal y Kontus***, un kusa é sértu: es dos livru ta tistimunha inportánsia kultural y linguístiku di KKV y el ta da kónta, tanbe, di si virtualidade romanésku.

[13] Cf. Cabo Verde - Insularidade e Literatura, Karthala, Paris, 1998, pp. 180-181.

Y si na puezia, na ensinu y na próza romanésku, KKV pode y é instrumentu efikás, kusé ki falta pa rakonhise na el statutu di língua di kultura, di siénsia y di sivilizason?

Nos nu ta atxa ma sa-ta falta apénas vontadi sosial y pulítiku. Nu ta kridita ma es vontadi déntu di poku ténpu ta ben fase justisa pa un língua ki más ki kualker otu ten diretu di sidadania en Kabuverdi.

6.3 - **Na Diskrison Gramatikal y Lesikal**

Autor di es livru ten un konpromisu ku si país. Profundamenti rakonhisidu ku legadu kultural di si povu, ku si kultura y si stória, el disidi oferese pa es mésmu povu u-ki si formason akadémiku y spiriénsia anbiental ta autorizaba-el fase, ndému, konpartilha ku es mésmu povu un trianglu kultural undi, di un ladu, staba skrita, di otu ladu staba gramátika, y na tirseru ladu staba disionáriu di KKV.

Di skrita, nu ta pâpia na lison 8º. Lisin, nu ta ratoma apénas kes otu dos ladu di trianglu, ndému, gramátika y disionáriu.

Dipôs di aventura di ***Diskrison Strutural di Língua Kabuverdianu*** y di romansi ***Odju d'Agu***, autor di es óbras ntende ma el debeba, tanbe, lansa na aventura di dos otu projétu, stremamenti anbisiozu: gramátika y disionáriu di língua kabuverdianu.

Projétu di gramátika sa-ta sérba akarinhadu désdi ténpu di Universidadi, mas si konkretizason somenti ta ben komesa a-partir di 1992. El staba prugramadu pa 4 anu, mas autor konsigi, na tres anu, oferese si povu, komu prénda di vijézimu aniversáriu di Indipendénsia, óbra ki nu sa-ta pâpia di el. El ka ta trata apénas di aspétus sosio-stóriku di formason di KKV, mas tanbe di kiston funétika, di fonologia y di sintasi.

Análizi funétiku-funolójiku y morfo-sintátiku é realizadu nun perspetiva konparativu entri kes dos prinsipal variedadi rejional, kel di Santiagu y kel di S.Visenti y, inda, konparativamenti ku purtugês ki, tanbe, sta na oríjen di KKV.

Pode purguntadu pamodi ki análizi é ralasionadu apénas ku dos variedadi y non ku otu. Razon pamodi nu toma variedadi di Santiagu é evidenti. El é, direta y indiretamente, matrís di tudu kes otu varianti; el ten un forsa demográfiku ki ta raprizenta más di metadi di populason rizidenti di Arkipélagu[14]; El ten un grandi manansial di tradisons oral; di pontu di vista linguístiku, el é un di kes variedadi más otónumu; na tudu Sotavéntu, (y na tudu Barlavéntu, di fórma ménus konsistenti), el pode ser veíklu di kumunikason, naturalmenti; tudu varianti, partikularmenti kes di Sul, ta konstitui fonti di si enrikisimentu.

Pa si ladu, variedadi di S. Visenti, apezar di el ser di kes más rasenti, (povuamentu di ilha ta komesa na fin di séklu XVII), el é un variedadi-forsa, pa razons diferenti di kes ki ta karateriza variedadi-forsa di Santiagu. Na verdadi, el ta raprizenta un spésia di standardizason, ô di unifikason linguístiku na Nórti, prinsipalmenti di variantis di Santu Antãu, S. Nikolau y Boavista, a-partir di un purmeru substratu di Fogu y di Santiagu.

Si variedadi di S. Visenti pode uzadu y difendedu na tudu Nórti, é pamodi tudu Nórti kontribui, tanbe, pa si formason.

Ku izisténsia di dos variedadi-forsa, nu ta pensa ma standardizason linguístiku debe toma-s pa bazi y enrikise-s ku partikularidadis pertinenti y raprizentativu di tudu kes otu variantis lokal. Gramátika di KKV debe prosede di mésmu manera.

Studu ***Introdução à Gramática do Crioulo*** (y es ***Gramátika di Kriolu na 45 Lison)*** sigi es mésmu metodolojia. El pode ser un kaminhu pa valorizason di KKV, na kontestu di variantis lokal y di variedadis rejonal. Talvês é kel-li ki leba Dr. Leitão da Graça, un ómi di jerason di Amílcar Cabral, fla, sobri óbra ***Introdução à Gramática do Crioulo***, 1995:

> *"Manuel Veiga conseguiu materializar uma velha aspiração de elementos de várias gerações de caboverdianos; por outro veio silenciar a voz dos detractores que, ao considerarem o Crioulo uma "língua de trapos", pretendiam que ele era desprovido de gramática. Os defensores da língua caboverdiana, tal Pedro Cardoso, sabiam que se*

[14] Di akordu ku studu demográfiku di 2000, populason total di Kabuverdi é di 434.263 y, na es konjuntu, so ilha di Santiagu ten 235.803 abitanti.

tratava de um preconceito colonial veiculado até por caboverdianos domesticados. Só que a esses pioneiros faltava a preparação adequada para tal empreendimento e a outros faltou a vontade política necessária no ambiente colonial. Na condição de Independência, coube a Manuel Veiga encetar esse trabalho ingente que culminou com a publicação do livro e seu lançamento no dia 3 de Julho de 1995"[15].

Óbra en raferénsia ta konstitui un ladu di trianglu kultural ki nu kre oferese nos povu. Kel otu ladu di triánglu é disionáriu. Nu ta spéra ma, sima na ***Introdução à Gramática do Crioulo***, el ta ben kontribui pa fiksason lesikal di KKV y ruspetivu metalinguájen. Nes izersísiu di fiksason lesikal y metalinguístiku nu debe rafiri kontributus ki jóven linguista fransês, Nicolas Quint, sa-ta da, partikularmenti através di ***Lésiku Badiu-Fransês***, 1996; di ***Dicionário Caboverdiano-Purtuguês***, 1998; di ***Dictionnaire Capverdien-Français***, 1999 y di ***Grammaire de la Langue Cap-verdienne***, 1999 (es dos últimu livru é si tézi di dotoramentu).

Univérsu di óbras di Nicolas Quint, linguista fransês, é un inportanti "*olhar de fora*" sobri funsionamentu di KKV.

6.4 – **Na Studus Universitáriu**

Si antis di Indipendénsia realizadu apénas dos trabadju sientífiku sobri KKV[16], ruspetivamenti ***O Dialecto Crioulo de Cabo Verde***, 1957, di Baltasar Lopes y ***Contributo para o Estudo do Dialecto Falado no seu Arquipélago***, 1961, di Maria Dulce de Oliveira Almada, oji, 47 anu dipôs di Indipendénsia, ten txeu trabadjus universitáriu sobri es mésmu kiston, alguns di es é tézi di dotoramentu. Pa izenplifika, nu pode pâpia di:

> *A Linguistic Approach to the Capeverdean Language*, Donaldo Macedo, Universidade de Massachusetts, 1979; *Variation and Change in the Verbal System of Capeverdean Crioulo*, Izione Silva, Georgetown University, 1985; The Morpho-Syntax of Nominal and Verbal

[15] Cf. Novo Jornal de Cabo Verde, Praia, 23.8.95.

[16] Trabadjus di Francisco Adolfo Coelho, "Os Dialectos Românicos ou Neo-Latinos da África, Asia e América", (1880-1886) é, inda mutu jenériku y vagu.

Categories in Capeverdean Creole, Marlyse Baptista, 1997; *Le Créole de l'Île de Santiago*, Nicolas Quint-Abrial, Universidade de Paris III-La Sorbonne, 1998; *Le Créole du Cap-Vert: Étude Grammaticale Descriptive et Contrastive*, Manuel Veiga, Universidade d'Aix-Marseille, 1998.

Nu pode rafiri, inda, studus di gramátika (variedadi rejonal di Santiagu) elaboradu na Universidadi alemon di Erlangen, pa ekipa di Prof. Jürgen Lang[17] y ki komesa ta ser divulgadu na internet désdi 2012.

Ten, inda, tézi di dotoramentu sobri KKV[18] ki dja ten alguns anu ta ser preparadu, na Universidadi Klásiku di Lisboa, pa linguista Dulce Pereira y tézi di mestradu di Fernanda Pratas sobri "Sistema Pronominal do Caboverdiano" - defendidu na Maiu di 2002. Na es mésmu linha, sta alguns otu tézi ô disertason di mestradu di studiózus y di studiózas kabuverdianu: Marlyse Baptista, Ana Josefa Cardoso, Adelaide Monteiro, Amália Melo Lopes, Karina Moreira y tudu kes otu alunu di Mestradu di Kriolístika y Língua Kabuverdianu na Universidadi di Kabuverdi (2010-2013). Mésmu kusa nu pode fla di tézi di polaka Dominika Swolkien sobri kriolu di S. Visenti.

Tudu es studu universitáriu ben traze más lejitimidadi pa KKV – lejitimidadi akadémiku. Oji, lijitimidadi di KKV é ka so kultural, stóriku y sosial. El é, tanbe akadémiku, akadémiku na spasu universitáriu, akadémiku na tézis universitáriu, akadémiku, inda, na txeu kumunikason di universitárius na kongrésus y kulókius, partikularmenti kes di Kumité Internasional di Studus Kriolu, ku sédi na Universidadi d'Aix-en-Provence, na Fransa, undi N foi Visi-Prizidenti y N tevi priviléjiu di difende, tanbe, nha tézi di dotoramentu sobri ***Le Créole du Cap-Vert: Étude Grammaticale Descriptive et Contrastive***, na Otubru di 1998.

Diféza ki oji ta fasedu di KKV é ménus sentimental y spontániu. El pasa ta ten fundamentu sientífiku. Y kel-li é un grandi ganhu na prusésu di afirmason ki, si ónti éra tuntunhidu, oji pasa ta ser asumidu, ku diterminason más grandi.

[17] Jürgen Lang y si ekipa es kaba pa publika, na 2002, **O Dicionário Crioulo da Ilha de Santiago (Cabo Verde)**, ku un total di 8.000 entrada.

[18] Nu ka ten konhisimentu di diféza di es tézi.

NA PULÍTIKA LINGUÍSTIKU

Lison 7º

7.1 – Na Prugramas, Razolusons y Dekrétus Governamental

Na tudu prugrama di Guvérnu, di Purmeru ti Sugundu Rapúblika, prublemátika di língua kabuverdianu stevi sénpri prezenti, uns bes di fórma vagu, otus bes di fórma más splísitu. Nu debe rakonhise ma tudu kes prugrama la ta pâpia di nisisidadi di kria kondisons pa afirmason y pa valorizason di língua matérnu.

Infilismenti, meius disponibilizadu pa kriason di kondisons nisisáriu foi sénpri muitu raduzidu y pasus dadu, enbóra inportantis, foi sénpri tuntunhidu pa nisisidadi ki tinha.

Nu ta konstata, entritantu, ma kel poku ki realizadu duranti Purmeru Rapúblika, ki ta bai di 1975-1990, kontribui, fortimenti, pa adoson di un nobu atitudi dianti di língua matérnu. Nu pode pâpia di **Kulókiu Linguístiku** di 1979, di ***Diskrison Strutural di Língua Kabuverdianu** (1982)*, di **alfabetizason bilingi** (1989), di rakódja y **publikason di txeu trabadju na dumíniu di tradison oral**, di difuzon di «**prugrama Finka-pé**» (1980-1982), di **edison di óbras puétiku y romanésku**, skritu na kriolu, di **ensinu di strutura di kriolu**, na Skóla di Formason di Profesoris di Ensinu Sekundáriu (1980...).

Diskursu kolonial ki ta ndjutuba y ta injuriaba KKV perde folgu y apénas subsisti dúvidas sobri kiston dialetal, sobri relasionamentu ku língua purtugês y sobri alguns instrumentu linguístiku, sima alfabétu, gramátika (skritu) y disionáriu.

Sugundu Rapúblika, ki komesa na 1991, purbeta di pasus dadu na Purmeru Rapúblika y el bai más lonji ku prugrama di afirmason y di valorizason di KKV.

Efetivamenti, através di dispaxu di 6/9/93, kriadu «Grupu di Padronizason di Alfabétu, ku siginti objetivu:

- *«Realização de um estudo para a padronização do alfabeto;*
- *Fornecimento ao Governo de subsídios que lhe permitam uma tomada de posição tecnicamente fundamentada e culturalmente acertada».*

Grupu formadu pa 8 personalidadi (linguistas, profesoris, skritoris) trabadja na un orizonti tenporal di seis mes, na fin es entrega Guvérnu un studu di 220 pájina, undi es ta pâpia di storial di skrita di kriolu, désdi séklu XIX; undi es ta aprizenta 11 Bazis pa skrita di KKV; undi es ta fase alguns rakumendason ralasionadu ku pulítika linguístiku.

Alfabétu propostu pasa ta ser konxedu komu «ALUPEC» (Alfabétu Unifikadu pa Skrita di Kabuverdianu). Es alfabétu ta raprizenta un tentativa di unifikason di dos mudélu di alfabétu, kel di bazi etimolójiku y kel di bazi funolójiku.

Kuatu anu dipôs di propósta di Grupu di Padronizason, y kel-li na Dizénbru di 1998, aprovadu, a-titlu sprimental, pa un piríudu di sinku anu, kel alfabétu propostu pa Grupu di Padronizason, di fórma siginti:

> *"Sendo o crioulo a língua do quotidiano em Cabo Verde e elemento essencial da identidade nacional, o desenvolvimento harmonioso do País passa, necessariamente, pelo desenvolvimento e valorização da língua materna. Porém, esse desenvolvimento e valorização não serão possíveis sem a estandardização da escrita do Crioulo ou seja da Língua Caboverdiana. Ora, a estandardização do alfabeto constitui o primeiro passo para a estandardização da escrita. Assim, no uso da faculdade conferida pela alínea a) do n°2 do artigo 216 da Constituição da República, o Governo decreta o seguinte: Artigo 1º: É aprovado, a título experimental, o Alfabeto Unificado para a escrita da Língua Caboverdiana (o Crioulo), adiante designado ALUPEC, cujas Bases são publicadas em anexo ao presente diploma" (decreto-lei n° 67/98, BO n°48).*

Más: Na Prugrama di Guvérnu, publikadu na BO nº 12, di 31 di Abril, na Razoluson 8/96, fika diklaradu ma, na matéria di língua nasional:

> "*O Governo pretende nesse domínio, com base em estudos científicos que vêm sendo desenvolvidos e orientados por técnicos competentes na matéria, fixar metas e determinar etapas, para a oficialização do crioulo como língua nacional, ao lado do português. Refira-se que a aprovação a título experimental, do alfabeto é uma das primeiras metas. Incentivos serão estabelecidos com vista à promoção de obras, estudos e trabalhos sobre o crioulo e em crioulo*".

Inda na un otu Razoluson (nº 8/98), publikadu na BO nº 10, fika stabilisidu na artigu 30º:

> «Será *valorizado, progressivamente, o crioulo caboverdiano, como língua de ensino*».

Inda, na linha di pulítika governamental, nu ta lenbra di diklarason di Purmeru-Ministru, Dr. Carlos Veiga, ki na konferénsia di inprénsa, publikadu na jornal A Semana, nº 394, di 12/03/99, el afirma:

> "*Em relação ao crioulo deu-se um passo importante que foi a aprovação do Alfabeto Unificado para a escrita do Crioulo, a título experimental, durante cinco anos. Nós acreditamos que no fim, e durante esse tempo, devemos todos, - autoridades, os poderes públicos, a sociedade - debater esse alfabeto, mas também adoptar outras medidas que incentivem o uso escrito do crioulo, de modo a que daqui a cinco anos possamos fazer o balanço e, nessa altura, se concluirmos que as condições mínimas estão garantidas, formalizarmos a oficialização daquela que é a nossa língua materna.*
>
> *Eu acredito perfeitamente que, tal como noutros países que são crioulos também, é possível ver o crioulo [caboverdiano] a ser escrito, a haver jornais e o ensino em crioulo. Em termos de ensino, a faculdade que nós temos de podermos utilizar duas línguas – uma, a nossa língua materna, e outra, a língua portuguesa, que também é nossa –, é vantajosa para Cabo Verde. Será uma revolução, mas valerá a pena, custe o que custar. E não custará muito porque as vantagens serão incomensuravelmente superiores aos custos*".

Foi, inda, duranti Sugundu Rapúblika ki konkretizadu prujétu di ***Introdução à Gramática do Crioulo*** (1992-1995) y inisiadu projétu di ***Dicionário Elementar Crioulo-Português*** (1995-2000).

Foi, sen dúvida, na dékada di novénta ki ensinu di KKV, inda ki di fórma non regular, na Institutu Supirior di Idukason (ISE), na apresiason di ruspetivus studanti, foi un susésu.

Si na dékada di 1980 trabadjus realizadu kontribui pa adoson di un nobu atitudi dianti di KKV; na dékada di 1990 trabadjus realizadu kontribui pa abri kaminhu pa rakonhisimentu di un nobu statutu pa KKV, ndému, kel di língua ofisial, sima N ta ben fla más pa baxu.

7.2 – **Na Kanpanhas Eleitoral**

Un di kes spasu undi inportánsia di língua kabuverdianu ta reúni konsénsu é na kanpanhas eleitoral. Mésmu kusa ta kontise na «situasons limiti di kumunikason», sima na katástrofis y na epidemias.

Na kanpanhas eleitoral, é poku kumun un pulítiku utililiza otu língua ki ka kriolu. Apénas Dr. Onésimo da Silveira kustumaba uza purtugês.

Pamodi ki na okazions sima kel-li, tudu konpléksu, tudu razisténsia y tudu inibison ralasionadu ku KKV ta dizaparse? Ta parse ma raspósta sta ligadu ku funsionalidadi di KKV y ku efikásia di kumunikason ki el ta proporsiona.

Dja ki kriolu é língua ki nos sosiedadi ta dumina midjór, kualker pulítiku, minimamenti informadu, sabe ma, pa pasa si mensájen más faxi, y integralmenti, pa tudu algen, KKV, inda, é midjór kanal y instrumentu.

Mésmu kusa ta kontise na ténpu di epidemia y di katástrofis. N es altura, mensájen é urjenti y mestedu ki si diskodifikason ser na óra, efikás y sen dimóra. Asi, pulítikus ka ta pensa dos bes. KKV é instrumentu más adekuadu y sobri es aspétu tudu algen ta seta, sen diskuti si el ten prestíjiu ô nãu. Apénas ta odjadu pa si efisiénsia y pa si efikásia.

Entritantu, lógu dipôs di kanpanhas, di katástrofis ô di epidemias, pulítikus na kualidadi di «*ilustris patrióta*» ta rabida róstu pa língua konsideradu «*di pristíjiu*» y es ta dexa KKV konfinadu na situasons informal di kumunikason. Ses argumentu é ma nos é bilingi, mésmu ki es bilingismu, na prátika, ta significa diglosia.

Es prosedimentu ta leba-nu konklui ma prubléma di afirmason di nos língua matérnu é más un kiston di mudansa di mentalidadi ki di izisténsia di instrumentus linguístiku. Na dia ki disizoris y kenha ki ta fase opinion perde tudu konpléksu tufudjadu na ses kabésa (y kel-li ta pasa pa alargamentu di ensinu di KKV), tudu kes otu kondison pa afirmason di KKV ta ser fasilmenti reunidu. Ti lá, dizenvolvimentu di KKV ta kontínua ta avansa na un azágua di luta y di razisténsia di kenha dja ntende ma nos língua matérnu é un di kes elementu más inportanti di edifísiu identitáriu kabuverdianu.

Asi, prubléma di dizenvolvimentu di nos kriolu ta kontínua ta ser más pulítiku ki instrumental. Kualker observador aténtu ki ta sigi kotidianu di nos povu ta kaba pa tra es mésmu konkluzon. Entritantu, nos konpléksu, txeu bes enkobértu, ta kontinua más faronperu y ta odja prubléma di manera distorsidu. Pur isu, nu ta spéra ma kusas al muda.

7. 3 – **Na Konstituison di País**

Prublemátika di afirmason di KKV é trankadu, konpléksu, própi. El é kultural, pulítiku y instrumental. Prubléma kultural sta diretamenti ligadu ku nos ábitus y atitudis, el ta kondisiona, di es manera, tudu y kualker disizon pulítiku. Ndému, trokadu majistériu kolonial, atitudi di eliti kabuverdianu, un eliti formadu pa profesoris, skritoris, pulítikus, kuadrus di profisons liberal, komersiantis ô endinheiradus, txeu bes es foi kóntra pulítika di dizenvolvimentu di KKV. Kel-li, entritantu, ka inpidi di es mésmu elitis konsidera-l komu pésa fundamental di nos identidadi y instrumentu efikás pa kumunikason informal. Es anbiguidadi ta kaba pa ser un obstaklu enkubértu pa dizenvolvimentu di KKV.

Un otu prubléma ki na es mumentu ta difikulta dizenvolvimentu di nos língua matérnu é falta di instrumentus linguísku (alfabétu, skrita standardizadu, gramátika y disionáriu skritus, materiais didátiku, di tudu kasta, supórti literáriu raprizentativu). Kel-li ta signifika ma prinsipal instrumentus pa utilizason formal di KKV é, inda, mutu limitadu. Asi, béku ta parse sen saída: nu ka ta avansa más pamodi kondisons tudu ka sta kriadu, y es kondisons ka sta kriadu pamodi nu ka sa-ta avansa, di fórma diterminanti.

Pulítikus y kenha ki ten lijitimidadi pa toma grandis disizon di dimenson nasional pode sénpri djuga sima es kre y justifikason ka ta dexa di ten, trokadu anbiguidadi ki dipariba nu rafiri.

Na revizon konstitusional di Julhu di 1999 dadu un pasu tuntunhidu, inda, na direson di un afirmason más grandi di KKV.

Dibáti na seson parlamentar da kónta di anbiguidadi ki nu sa-ta pâpia di el. Enkuantu, na bankada di prinsipal partidu di Opozison, deputadus difende ofisializason (en konstruson) di KKV, na bankada di partidu di Situason surji un vós ta fla ma

> *«... a oficialização do CCV representa um retrocesso civilizacional em Cabo Verde».*

Di prolongadu dibáti ta sai un diterminason ki ta rakonhise KKV, virtualmenti, komu língua ofisial. Di akordu ku es diterminason

> *«o Estado deve criar as condições para a oficialização da língua materna cabo-verdiana em paridade com a língua portuguesa».*

Si nu ta konsidera ma é un avansu kontiudu di afirmason ki dipariba nu da é pamodi na diskursus antirior, ki ta ben na divérsus prugramas di Guvérnu ta falada di kriason di kondisons pa afirmason di língua matérnu.

Ta kontise ki pâpia di kriason di kondisons pa ofisializason di KKV é más splísitu, y el ta dexa ntende ma ta rakonhisidu pa KKV virtualidadis pa el ser língua ofisial. Prubléma ki ta koloka é di sabe na kal orizonti tenporal kel-la ta ser pusível. U-ki nu ta kontínua ta spéra, ku urjénsia, é pa planus ser más konkrétu, ku projétus, métas y etapas ben difinidu. Di otu fórma, anbiguidadi y inpresizon di anus ki dja pasa ta kontínua ta influensia, negativamenti y kapasidadi di kriolu ser língua ofisial pode ser apénas un stratéjia y nãu un konvikson. Nu ka kre fla ma ten falta di konvikson na artigu nonu di Konstituison, mas nu kre odja y xinti efeitus di «ordenança» konstitusional pa nos speransa di oji konsigi ser vivénsia amanhan.

Nu ta pensa ma é ireversível dignidadi konstitusional ki KKV pasa ta ten ku revizon konstitusional di 1999. Signifika kel-la ma nu pode, désdi gósi, komesa ta pâpia di un nobu ténpu pa KKV? Talvês sin. Entritantu, raspósta definitivu ta dipende di pulítika linguístiku sigidu na prósimus ténpu.

Nu ta spéra ma Ministériu di Edukason, di Kultura y di Finansas ta onra konpromisu ku Konstituison di Rapúblika, na matéria di pulítika linguístiku. Si kel-la kontise, nos Konstituison ta bira stóriku, Guvérnu ki kunpri Konstituison ta fika prestijiadu y KKV ta pasa ta goza un meresidu dignidadi.

II PÁRTI
SKRITA

ALFABÉTU Y SKRITA
Lison 8º

8.1 – **Prátika di Bazi Etimolójiku**

Skrita ka é língua, mas el ta konstitui un di kes elementu más inportanti di si raprizentason. Si funson ka é un eséNsia, mas é un konponenti pa raprizenta esénsia di kumunikason. Entritantu, apezar di un inportánsia di sugundu planu, si signifikadu sosial y kultural é grandi. Na verdadi, skrita é supórti visível di nos pensamentu, di nos stória y di nos kultura.

Na maiór párti di línguas, skrita ta razulta más di prátika, di ábitus y di kustumis ki di dekrétus y nórmas. KKV ka ta fuji régra. Pézu di ábitus, abértu pa modernidadi, ta konta, debe konta na si fiksason.

É si ki purmeru spiriénsia di skrita di KKV sta baziadu na spiriénsia etimolójiku. Na verdadi, purmeru língua ki foi skritu y ensinadu, di manera sistemátiku, na Kabuverdi, foi purtugês. Dja ki el posui un alfabétu y un skrita ku longu tradison, kabuverdianus, kuandu es xinti nisisidadi di fiksa skrita di ses língua matérnu, es tinha, pa raferénsia fundamental, língua purtugês, dja ki es konxeba midjór si alfabétu y si skrita.

Asi, alfabétu purtugês foi pura y sinplismenti transplantadu pa skrita di KKV, sen ninhun studu préviu di si funétika y di si fonolojia.

Di séklu XIX pa gósi, skrita di bazi etimolójiku bira un prátika, ku forsa di tradison.

Dja ki éra grandi nunbru di pratikantis di mudélu di bazi etimolójiku, apezar di frakézas ki es mudélu tinha, si adoson pa skrita di KKV podeba ser rakumendadu, y es medida podeba ser aplaudidu pa tudu kenha ki staba direta ô indiretamenti influensiadu pa skrita di purtugês.

Entritantu, di kes letradu ki studa purtugês, poku di entri es ta aventuraba skrebe kriolu. Alén disu, frakézas di skrita di bazi etimolójiku éra evidenti. Na verdadi, el é poku sistemátiku, poku ikonómiku. Pa un mésmu son (ô funéma) alfabétu etimolójiku ta izibi más ki un graféma (ô létra).

Si nu toma, pur izénplu, son «**s**», nu ta verifika ma el pode ser raprizentadu pa «**s, ss, c, ç, x**: *saber, massa, cimento, caça, trouxe*» Funsionalmenti, é kel mésmu «**s**» ki ten tudu kes raprizentason la, u-ki é falta gritanti di ikonomia.

Mésmu kusa pode fladu di son «**z**» ki pode, tanbe, ser raprizentadu pa: «**z, s, x** («*cozinha, coser, exame*»).

Tudu es raprizentason ta sobrikarega língua ku un mudélu di skrita poku ikonómiku y poku sistemátiku.

Un kiston ki ta fika di pé, é kel-li: na nómi di un prátika diakróniku, nu ta sobrekarega un língua ki nos povu pasa ta skrebe, ku disfunsionalidadi di un alfabétu di bazi etimolójiku.

Nu pode rafiri, inda, falta di sistematisidadi óki nu ta odja un son raprizentadu di manera diferenti pa kenha ki ta pratika es mésmu mudélu di alfabétu. É si ki, pur izénplu, *Eugénio Tavares* ta skrebe «**ch**» (*crecheu*) y *Sérgio Frusoni* ta skrebe «**tch**» (*tchom*)

Ten inda skritoris sima *Napoleão Fernandes* ki, asvês el ta skrebe «**jh**» (*jhabakós*), otus bes el ta skrebe «**gh**» (*longhe*).

Pedro Cardoso ta skrebe «**j**» (*jugutâ*), *Sérgio Frusoni* ta skrebe «**dj**» (fidje». *Corsino Fortes* ta skrebe «**dg**» (fidge).

Asistematisidadi di mudélu etimolójiku sta aprofundadu na dokumentu «*Propostas de Bases do Alfabeto Unificado para a Escrita do Caboverdiano*», publikason di IIPC, 2006.

Dja ki skrita na língua kabuverdianu ten poku spreson; dja ki ten falta di ikonomia na mudélu etimolójiku, dianti di falta di sistematisidadi di tudu kenha ki utiliza mudélu etimolójiku di skrita, é normal nu purgunta si un tal mudélu é kel ki midjór ta sirbi KKV? Más pa baxu, óki nu aprizenta propósta di Grupu di Padronizason (1994), nu ta ratoma, di nobu, es kiston.

Di mumentu, nu ta gostaba di lenbra ma forsa di mudélu etimolójiku sta sobritudu na tradison, un tradison ku poku spreson.

Si frakéza más grandi sta na falta di ikonomia, na falta di sistematisidadi, sima dja nu dimostra.

8.2 – **Propósta di *António de Paula Brito***

Propósta di alfabétu y di skrita di *A. de Paula Brito* ta data di 1888.

É purmeru propósta ki nu konxe. Pa si antiguidadi, orijinalidadi, funsionalidadi y ikonomia, el ta merese nos midjór atenson.

Si fonolojia, komu siénsia, nase na 1926, na enton «*Círculo de Praga*», nomiadamenti ku Troubetzkoy, Martinet y *Jacobson*, prinsípiu funolójiku foi, entritantu, utilizadu désdi 1888 pa *A. de Paula Brito* na skrita di KKV.

Alfabétu propostu na studu «*Apontamentos para a Gramática do Crioulo que se Fala na Ilha de Santiago*» ta integraba vinti y un létra y kuatu dígrafu: **A, B, CH, D, E, F, G, I, JH, J, K, L, M, NH, N, O, P, R, RR, S, T, U, V, X, Z.**

Partikularidadi di es alfabétu sta na faktu di kada létra ô dígrafu raprizenta sénpri, y na tudu kontestu, un só y úniku son, ndému, un úniku funéma. Es partikularidadi sta di akordu ku prinsípiu di fonolojia ki ta aprizenta un ralason bi-unívoku entri funéma y graféma: un funéma é sénpri raprizentadu pa un só y úniku graféma y visi-vérsa. Izisténsia di dígrafus di propósta di *A. de Paula Brito* ka ta bai kóntra prinsípiu funolójiku dja ki kes dígrafu la es ta raprizenta sénpri un úniku son. Apénas nu pode fla ma dígrafus é ménus ikonómiku ki óki ta trata di un úniku graféma. Entritantu, di pontu di vista di funsionalidadi, di ikonomia di restantis graféma y di sistematisidadi, propósta ki nu ten stadu ta rafiri é, bazikamenti, funolójiku. Un otu partikularidadi é sistematisidadi ki ta verifika na sinal di nazalizason. Na propósta di *A. de Paula Brito*, el é raprizentadu sénpri pa til.

Nu ta verifika, inda, ma na propósta ki dipariba nu rafiri ka ten son «**lh**», u-ki ta signifika ma tal son é rasenti na sistéma funolójiku di KKV.

Nhos verifika un stratu di skrita di A. *de Paula Brito* na verson bilingi di autor:

> *Nhas Patrísiu!*
>
> *É ku más grãdi gôstu k'ī ta-prisētâ'nhos ês istudu pâ nu podê' faze' gramátika di nos līgua. Nhộs lê'1 ku tēsã, i nhộs mēdâ'-'1 ku razã. Nhôs lēbrâ' k'é promèru trabajhu d'es kólidadi ki nu tē, sēdu sertu ki pâ'm fazê'-'1 ī ka achâ' ũ só iskritu kiriôl pâ sirbi' -'m di moldi. Nhôs medâ 'éru ki nhộs achâ', nhôs limâ' falta ki nhộs kõtrâ', más nhôs mēdâ' ũ i nhộs limâ ku jhustisa i rezā. Xidadi Praia di Kabu-Berdi, 8 di dizēbru di 1885. A. de Paula Brito.*
>
> *Patrícios!*
>
> *É com o maior prazer que ofereço à vossa apreciação estes apontamentos para a gramática do nosso pátrio dialecto. Lede-os com atenção, e emendai-os com critério. Lembrai-vos de que é o primeiro trabalho neste género que possuímos, sendo certo que para o levar a cabo nem um só escrito crioulo encontrei que me servisse de guia. Emendai os erros que encontrardes, limai as impurezas, mas emendai e limai com justiça e imparcialidade. Cidade da Praia de Cabo Verde, 8 de Dezembro de 1885. A. de Paula Brito.*

Ka ten dúvida ma, si na 1979, na altura di Kulókiu Linguístiku di Mindelu, nu tinha konhisimentu di propósta di *A. de Paula Brito*, – propósta es ki só na 1984, ku kontributu di un emigranti (profesor *Manuel da Luz Gonçalves*), nu ta diskubri, duranti un vizita realizadu na EUA – alfabétu propostu na es Kulókiu podeba ser diferenti, na alguns aspétu. Y kel-li trokadu si karaterístika funolójiku (funsionalidadi, ikonomia, sistematisidadi) ki, tanbe, sta prezenti na propósta di 1979.

Dianti di propósta publikadu na 1888 (y elaboradu na 1885) ta fase sentidu purgunta pamodi ki el ka tevi ninhun éku djuntu di kenha ta prifiriba skrita di bazi etimolójiku. Nu ta spéra ma sosiolinguístika di kriolu ta ben, un dia, rasponde es kiston. Di mumentu, ta satisfaze-nu fla ma Propósta di Grupu di Padronizason ki ta data di 1994, é similhanti, na algun sentidu, ku propósta di *A. de Paula Brito*, ka apénas ku prinsípiu funolójiku, mas tanbe ralasionadu ku armonia di dos mudélu di alfabétu, kel di bazi funolójiku y kel di bazi etimolójiku. Y kel-li ta verifika na uzu y na funson di dígrafus ki sta na tudu dos propósta.

Pa tirmina es pontu, nu ta fla ma tradison é un di kes argumentu pa lejitima prátika di bazi etimolójiku, y es mésmu argumentu debeba ser utilizadu pa lejitima, tanbe mudélu di bazi funolójiku, y kel-li trokadu propósta di *A. de Paula Brito*.

8.3 – **Propósta di Kulókiu di 1979**

Na Otubru di 1978, autor di es linhas (y ki foi partisipanti na Kulókiu di 1979), el tirmina, na Fransa, un lisensiatura na linguístika jeral aplikadu. Di sigida, el volta pa Téra y el foi kolokadu komu rasponsável di Dipartamentu di Linguístika, na enton Ministériu di Idukason, Kultura y Disportu.

Na altura, korenti linguístiku na Fransa staba duminadu pa «funsionalismu» di *André Martinet*, un di kes fundador di fonolojia komu siénsia.

Eransa di *Martinet* y raflesons di UNESCO es ta daba orientason pa transkrison di línguas, ti kel altura ágrafus, ndému, pa tra partidu di IPA (Alfabétu Fonétiku Internasional) y di IAI (Alfabétu di Institutu Afrikanu Internasional). Naturalmenti, filozofia di es dos Institutu influénsia, di manera disizivu, propósta ki partisipantis di Kulókiu di 1979 subskreve.

Un otu aspétu ki nu nebe toma en konsiderason é faktu di Kulókiu di 1979 ser realizadu na un époka ki sentimentu nasionalista staba fórti, y kel-li si nu konsidera ma Indipendénsia kontise, dja tinha só kuatu anu y kel-li na 1975. Si nu toma en konsiderason eransa di *Martinet*, kel di IPA y sentimentu di nasionalismu ki ta rajetaba kuazi tudu ki éra kolonial, nu ta konprende midjór naturéza di propósta di alfabétu di 1979.

Tal propósta, enbóra di bazi latinu, el staba konsideravelmenti afastadu di mudélu etimolójiku, ti kel altura pratikadu na skrita di KKV. Éra un mudélu di bazi funétiku-funolójiku, dja ki pa un funéma sénpri ta koruspondeba un grafĕma y visi-vérsa.

Alfabétu en raferénsia ta integraba vinti y seis létra, koruspondenti ku igual nunbra di funéma y ki éra:

A B Ĉ D E F G I Ẑ Ĵ K L L̂ M N N̂ N̈ O P K R S T U V Ŝ Z

Propósta ta rakumendaba, inda: pa nazalizason ser raprizentadu apénas pa «**n**» (ponba, penti, bónba); pa pronómi pesoal sujetu di 1º pesoa di singular ser raprizentadu pa «**N**»; pa pronómi pesoal konplementu di 1º pesoa ser «**m**» (N pâpia, da-m, fase-m); pa konjunson kordenadu kopulativu ser «**y**» (dia y noti).

Tal propósta konta ku aseitason di un ô otu skritor; el foi largamenti utilizadu na transkrison di material di tradison oral ki ta izistiba na Direson-Jeral di Kultura; el teve bon aseitason djuntu di struturas di Prugrama di Ensinu Bilingi na Boston; el sirbi inda di supórti di prugrama radiofóniku **Finkapé** (1980-1982) y na ensinu di strutura di KKV na Skóla di Formason di Profesoris di Ensinu Sekundáriu y, más tardi, na Institutu Supirior di Edukason.

Entritantu, nu ten ki rakonhise ma rajeison di propósta foi más grandi ki si própi aseitason. Opozitoris di propósta, pa ridikulariza-l, es po-l nómi di **alfabétu di txapéu**, y kel-li pamodi konsuantis palatal ta trazeba sénpri un aséntu sirkunfléksu, komu marka di palatalizason:

ĉ = /tʃ/

ẑ = /ʒ/

ĵ = /dʒ/

l̂ = /ʎ/

n̂ = /ñ/

ŝ = /ʃ/

Dés anu dipôs, na 1989, dipôs di balansu di prátika di alfabétu di 1979, txigadu konkluzon ma, apezar di alfabétu di 1979 ser más ikonómiku, más sistemátiku y más funsional ki kel di bazi etimolójiku, si raprizentason ta afastaba txeu di prátika di skrita ki, na altura, ta vigoraba, y insisti na rakumenda-l sa-ta prejudikaba dizenvolvimentu di língua ki el ta sirbiba di instrumentu. Pur isu, xintidu nisisidadi di un nobu propósta, más konsensual. Sobri es nobu propósta nu ta ben da kónta na pontu 8.5. Na es mumentu, nu sa ta pasa ta trata di propósta di 1989.

8.4 - **Kontributu di Fórun di Alfabetizason Bilingi**

Struturas di Idukason Estra-Skolar, na dékada di oitenta, es ta organizaba sirklus di kultura na língua matérnu. Razisténsia pa propósta di 1979 éra grandi.

Ku objetivu di identifika prubléma ki, na altura, alfabetizason sa-ta enfrentaba, organizadu, na 1989, un kolókiu ki dadu nómi di Fórun di Alfabetizason Bilingi. El kongrega, pa alén di alfabetizadoris, profesoris, skritoris y linguistas.

Dibáti ki foi kenti, na alguns mumentu kaba pa konklui ma éra midjór opta pa un mudélu di alfabétu más konsensual. Óra, komu es asuntu éra altamenti kultural y tékniku, Fórun ntende propô kriason di un Kumison Konsultivu ki, dipôs di un análizi profundu, el deveba propô mididas konkrétu pa Guvérnu, através di Direson di Idukason Estra-Skolar, ku objetivu di solusiona prubléma di alfabétu.

Es Kumison Konsultivu foi kriadu y el avansa propóstas konkrétu, numiadamenti, sobri kiston di alfabétu. Infilismenti, dokumentu preparadu ka tevi sigimentu djuntu di Direson di Idukason Estra-Skolar. Dispaxu di Ministru di Idukason, na altura, Dr. Corsino Tolentino, tinha siginti redason:

> *"A C.C. [Comissão Consultiva] apresenta-nos um belo exemplo de cooperação e civismo. A abordagem social e temporal que faz da PAF [Proposta Apresentada no Fórum], seja qual for o mérito científico das análises específicas, não poderá deixar de constituir uma excelente contribuição à viabilização do PAB (Projecto de Alfabetização*

Bilingue] e ao processo, necessariamente lento e seguro de valorização da língua caboverdiana. Por isso: a) a DGEX [Direcção de Educação Extra-Escolar] dará adequado tratamento ao parecer da C.C., comunicando-o à equipa técnica e organizando a sua apresentação e discussão; b) Felicito a C.C. e agradeço-lhe a patriótica colaboração. 28.8.89, Ass. Corsino Tolentino".

Dja ki trabadju di Kumison Konsultivu ka produzi efeitus dizejadu, foi nisisáriu un otu inisiativa pa elaborason di un propósta di alfabétu pa skrita di língua kabuverdianu. Na pontu siginti, nu ta da kónta di es inisiativa.

8.5 - **Propósta di Grupu di Padronizason**

Komu propósta di 1979 ka reúni konsénsu dizejadu, y unbês ki propósta di Kumison Konsultivu ka produzi ninhun efeitu, Dipartamentu di Linguístika di Institutu Nasional di Kultura (INAC), undi mi éra rasponsável, avansa, na 1993, un propósta pa kriason di un Grupu pa Padronizason di alfabétu.

Direson di INAC, seta propósta y e leba-l pa disizon di Ministru di Kultura y Kumunikason, Dra. Ondina Ferreira. Dispaxu foi favorável.

Grupu di Padronizason integra personalidadis ki staba ligadu ku ensinu, ku literatura, ku linguístika, numiadamenti: linguista *Manuel Veiga* komu kordenador; Profesóras *Dulce Duarte*, *Alice Matos* y *Inês Brito*; Linguista *Eduardo Cardoso*; escritores *Tomé Varela* y *José-Luís Hopffer Almada*. Profesor *Moacyr Rodrigues* y skritor *Mário Fonseca* deveba, tanbe, fase párti di Grupu di Padronizason, mas ses partisipason ka foi pusível.

Kumison toma pósi na Novénbru di 1993 y el debeba aprizenta razultadu final di si trabadju sais mes dipôs, ndému, na Maiu di 1994.

Di es fórma, dipôs di asinatura di «**térmu di konpromisu**», Grupu di Padronizason organiza na kuatu subkumison, ruspetivamenti: kel di stória di skrita na Kabuverdi; kel di inportánsia di padronizason pa língua, pa ensinu y pa kultura; kel di funsons y disfunsons di alfabétu di bazi etimolójiku y di bazi funolójiku propostu na Kulókiu di 1979 y na Fórun di Alfabetizason Bilingi; kel di funsionalidadi, aseitabilidadi y inplikason di un alfabétu unifikadu pa skrita di kabuverdianu.

Alfabétu propostu pa Grupu di Padronizason toma nómi di **ALUPEC** (**Alfabétu Unifikadu pa Skrita di Kabuverdianu**).

Partikularidadi fundamental di es alfabétu ta konsisti na armonizason di dos mudélu di alfabétu, kel di bazi etimolójiku (ku lejitimidadi stóriku), y kel di bazi funolójiku ku lejitimidadi ikonómiku, sistemátiku y funsional.

ALUPEC ta sigi prinsípiu di fonolojia, dja ki un son, tendensialmenti, ta korusponde un sinblu y visi-vérsa. Entritantu, tudu létra é di bazi latinu. Dja ki konsuantis palatal di propósta di 1979 foi rajeitadu pa sosiedadi, Grupu ntende más akonselhável ratoma prátika etimolójiku. Asi, raprizentason di konsuantis palatal volta ta ser: **tx, dj, nh, x, j, lh**.

Na es bazi, alfabétu fika konstituídu pa vinti y tres létra y kuatu dígrafu : **A B** [C][19] **D DJ E F G H I J K L LH M N NH Ñ O P R S T TX U V X Z**.

Di akordu ku es alfabétu, «**g**» ta raprizenta sénpri son [**g**], «**s**» ta raprizenta sénpri son [**s**], «**x**» ta raprizenta sénpri son [**ʃ**], «**z**» ta raprizenta sénpri son [**z**] y «**tx**» ta raprizenta sénpri son [**tʃ**].

Izénplus: «**géra, prasa, xamada, izami, txuba**».

Trabadju, na un total di 220 pájina foi aprizentadu pa aprovason supirior na dia 31 di Maiu di 1994. Postiriormenti, Prizidenti di Grupu di Padronizason avansa propósta na sentidu di ALUPEC ser aprovadu sprimentalmenti, pa un piríudu di sinku anu. Fasedu inda un otu propósta pa ser kriadu un Kumison pa fase sigimentu di prátika di ALUPEC, mas tanbe pa fase propósta di mididas y di stímulus pa prátika y divulgason di es alfabétu. Ta sérba es mésmu Kumison ki, na fin di sinku anu di sprimentason di ALUPEC, el ta faseba balansu, el ta propoba adaptasons nisisáriu y el ta akonsedjaba sobri alfabétu pa ser aprovadu difinitivamenti.

[19] «C» ta figura na ALUPEC pa skrita di nómis próprìu, di siglas, di markas y sinblus internasional (Carlos, TACV, Vitamina C, cc, etc.).

8.6 – **Aprovason di ALUPEC**

Kuatu anu dipôs di propósta di Grupu di Padronizason, ndému na Dizénbru di 1998, Guvérnu ta disidi aprova ALUPEC, sprimentalmenti, pa un piríudu di sinku anu (kf., lisin dipabaxu, pontu 7.1 y dekrétu-lei nº67/1998, BO nº48, 5º Suplementu).

Tal aprovason abri un nobu perspetiva pa dizenvolvimentu y pa valorizason di KKV. Aliás, é na sigimentu di es aprovason ki Parlamentu Kabuverdianu, na ravizon konstitusional di Julhu di 1999, el ta rakonhise kapasidadi virtual di KKV komu língua ofisial, kuandu el ditermina ma Stadu debe kria kondisons nisisáriu pa ofisializason di língua matérnu kabuverdianu, onbru-onbru ku purtugês.

Dianti di es nobu perspetiva, éra nisisáriu akizison splísitu di konhisimentu di strutura y di funsionamentu di KKV pa párti di tudu si utilizadoris. Ku objetivu di da nos kontributu pa un tal konhisimentu, nu disidi skrebe ***Kabuverdianu na 45 Lison y Disionáriu Elementar Kriolu-Purtugês.***

III PÁRTI

MORFOLOJIA DI NÓMIS, PRONÓMIS, VÉRBUS Y ADIVÉRBIUS

STRUTURA DI PALAVRAS

Lison 9º

9.1 – **Radikal**

Tudu palavra ten un radikal. El é, normalmenti, «un konstituinti invariável di vokablu, na el sta signifikadu lesikal báziku undi pode djunta spresons di afiksu (na dirivasons y mudansas di jéneru), dizinénsias (na flekson), pa formason di vokablus nobu ki ta pertense mésmu família semántiku» (Veiga, 1996:118).

Asi, si nu toma palavras «**sapaton, kumedor, kabritinhu», radikal ô konstituinti invariável di es vokablus ta sérba, ruspetivamenti: «sapat-, kum-, kabrit-». Di es mésmus radikal pode surji otus vokablu sima: «sapatilha, kumida, kabritóna».**

Algun izénplu:

Vokablu	Radikal
indisiplinadu	disiplina
mudjeris	mudjer
rafórma	fórma
studiozu	stud-
infilisidadi	filís

Pode verifikadu ma a-partir di kes radikal referidu podeba inda parse vokablus sima: disiplinadamenti, mudjeróna, raformadu, studanti, filisidadi».

9.2 - **Dizinénsia**

Dizinénsia é un morféma ki, na un vokablu, el pode indika jéneru, (maskulinu y fimininu) ô nunbru (singular y plural). Asi, na palavras «**profesor, profesóra, mudjeris**», nu ta atxa dizinénsias sima «**-or, -óra, -is**».

Ten dizinénsia nominal y verbal. En «**kumedu, kumeda, kumeba**», elementus «-**du**, -**da**, -**ba**» é dizinénsia verbal. Na es kazus, es ka ta indika nen jéneru, nen nunbru. Es ta indika ténpu ô aspétu verbal.

9.3 - **Afiksus**

Afiksu é un unidadi ki ta djunta ku radikal, ô vokablu, pa indika un dirivason. Alguns bes es pode funsiona komu dizinénsia di jéneru ô di nunbru. Afiksus ta dividi en prefiksus y sufiksus, konfórmi lugar ki es ta okupa (antis ô dipôs di radikal).

Asi, en «**rafórma, infilís**», elementus «**ra**-» y «**in**-» é prefiksu. En «**kumedor, profesor, profesóra, kumida, infilismenti**» elementus «-**dor**, -**or**-, -**óra**, -**ida**, -**menti**» é sufiksu.

9.4 – **Vogal temátiku**

Vogal temátiku é unidadi di vokablu verbal ki ta fika entri radikal y dizinénsia.

Asi, en «**gosta, kume, konfiri, konpo, banbu**» terminasons «-**a, -e, -i, -o, -u**» é vokal temátiku di ruspetivus vérbu.

FORMASON DI PALAVRAS
Lison 10º

Palavras, konfórmi ses formason, es pode ser «**primitivu, dirivadu, sinplis, konpostu**». Ta izisti, inda, u-ki ta dadu nómi di «**família di palavras**», sima dipabaxu ta fika spesifikadu.

10.1 – **Palavras Primitivu**

Palavras ki si formason ka sta ligadu ku ninhun otu, el ta leba nómi di «**primitivus**», sima **kaza, pórta, txon, agu, midju**.

10.2 – **Palavras Dirivadu**

Sima própi nómi ta indika, es é palavras ki ta forma a-partir di un otu palavra, através di utilizason di un sufiksu. Asi: «**azágua, sapaton, kumedor, infilís, nasimentu, kantiga**», undi ses dirivason ta ben di, ruspetivamenti, «**agu, sapatu, kume, filís, nase, kanta**».

10.3 – **Palavras Sinplis**

É un palavra primitivu ô dirivadu ku un so radikal, sima na «**agu, azágua, kume, kumedor**».

10.4 – **Palavras Konpostu**

É kes ki ten más ki un radikal, sima «**finka-pé, djunta-mon, aguardenti, pé di banana**».

10.5 - **Família di Palavras**

Na es katigoria ta entra un konjuntu di palavras ku mésmu radikal sima «**agu, azágua, aguaréla, dizágua**».

MORFOLOJIA DI SUBSTANTIVUS

Lison 11º

Substantivu é un munéma ô un konjuntu di munémas ki ta da nómi pa tudu kusa ki ta izisti.

11.1 - **Divizon di Substantivus**

Substantivus ta dividi en **konkrétus, abstratus, próprius, kumuns** y **kuletivus**.

11.1.1 - **Konkrétus:** É kes ki ta dizigna seris, en jeral, sima nómi di algen, di animal, di planta, di lugar, instituison y di kualker otu kusa. Izénplus:

St.	**Sv.**	**Port.**
Djon	Djon	João
makaku	makóke	macaco
kokeru	koker	coqueiro
Djarfogu	Ilha de Foge	Ilha do Fogo
ALUPEC	ALUPEC	ALUPEC
funaná	funaná	funaná (género musical)

11.1.2 - **Abstratus:** É kes substantivu ki ta dizigna **stadu, noson y kualidadi**. Iz:

St.	Sv.	Port.
kontentamentu	ligria	contentamento
sabedoria	sabedoria	sabedoria
sabidésa	spertéza	esperteza

11.1.3 - **Próprius:** É kes substantivu ki, déntu di un diterminadu katigoria, ta indika, di fórma individualizadu, un algen, un kusa ô un ser. Iz:

St.	Sv.	Port.
Ntóni	Ntone	António
Rádiu Nasional	Radie Nasional	Rádio Nacional
Kabuverdi	Kabeverde	Cabo Verde

11.1.4 - **Kumuns:** É kes substantivu ki ta aplika pa tudu seris di un katigoria. Iz:

St.	Sv.	Port.
agu	aga	água
kasa	kaza	casa
txuba	txuva	chuva

11.1.5 - **Kuletivus:** É kes ki ta dizigna un konjuntu di kusas ô di seris di mésmu katigoria. Iz:

St.	Sv.	Port.
kongrésu	kongrese	congresso
katxu	kótxe	cacho
arkipélagu	arkipélage	arquipélago

11.2 - Fleksons di Substantivus y di Vérbus Regular

Fleksons tantu nominal komu verbal é mutu raduzidu na KKV. Na verdadi, marka di nunbru raramenti é un dizinénsia; marka di jéneru ta izisti apénas ku seris animadu ki ten séksu; markas di ténpu y di aspétu, txeu bes, es ta ben antis di unidadi verbal; entritantu, markas ki ta indika graus omentatitivu é frekuenti.

11.2.1 – **Dizinénsia di Plural:** marka di plural é, txeu bes, un kuantitativu; el pode ser tantu un adijetivu di kuantidadi, komu un numeral ô un kuletivu: Iz:

St.	**Sv.**	**Port.**
txeu kabra	txeu kabra	muitas cabras
dos mudjer	dos amedjer	duas mulheres
un róda di algen	un data de jente	uma chusma de pessoas

Na kazus ki plural ka pode ser indikadu pa un kuantitativu, dizinénsias ta surji. Es pode ser: «-**s**, -**is**» (en St.), «-**es**» (en Sv.). Inda palavras ki ta tirmina pa «-**al**, -**el**, -**il**, -**oil**» ses plural ta tirmina pa «-**ais**, -**eis**, -**is**, -**ois**». Iz:

St.	**Sv.**	**Port.**
féstas di Natal	féstas de Natal	festas de Natal
trabadjadoris di kanpu	trabalhadores de kónpe	trabalhadores de campo
jornais di sumana	jornais de semana	jornais da semana
fiéis na misa	fiéis na misa	fiéis na missa
lensóis di algudon	lensóis de algudãu	lençóis de algodão

11.2.2 – **Dizinénsia di Séksu:** jéneru ka ta izisti, exsétu óki ta trata di seris animadu (ómi, animal). Na es kazus, dizinénsia di séksu pode ser «-**u**, -**or**» (pa maskulinu), «-**a**, -**óra**, -**éra** (pa fimininu). Iz:

St.	**Sv.**	**Port.**
amigu/a	amige/a	amigo/a
profesor/óra	profesor/óra	professor/ora
papiador/era	falador/era	falador/eira

Ku seris inanimadu y ku planta ka ta izisti ninhun marka di jéneru :

St.	Sv.	Port.
paredi branku	parede brónke	parede branca
kor prétu	kor prete	cor preta
flor burmedju	flor vermelhe	flor vermelha

11.2.3 - **Sufiksus omentativu:** kes más frekuenti é «-**on, -óna**» pa maskulinu y «-**óna**» pa fimininu. Ralasionadu ku seris inanimadu ki, sima dja nu fla, ka ten jéneru, ta enpregadu tantu «-on» komu «-óna», inbóra «-óna» ta parse ma é más enfátiku:

St.	Sv.	Port.
porton/óna	porton/óna	porta grande/porta muito grande
omon/óna	omon/óna	homenzarão/homem muito grande
karon/óna	karron/óna	carro grande/carro muito grande

Ta izisti un otu marka (ki ka é un dizinénsia) pa indika omentativu enfátiku. Nu sa-ta pâpia di munéma «**uma**». Tantu na Santiagu kuma na S. Visenti, «**uma omóna», «uma janélóna**» ta signifika, ruspetivamenti, un ómi mutu grandi, un janéla mutu grandi.

Di nota, inda, ma «**uma**» ka ten nada di kumun ku artigu indifinidu. El é apénas un marka ki ta enfatiza ô ki topikaliza grau omentativu.

11.2.4 – **Sufiksus diminutivu:** es é munéma ki ta marka grau diminutivu di un substantivu. Kes más frekuenti, na Santiagu, é; «**-inhu, -inha, -zinhu, -zinha, -itu, -ita, -zitu, - zita, -itxu, -itxa, -itxitxu, - itxitxa**»:

St.	**Sv.**	**Port.**
librinhu	livrin	livrinho
janelinha	janilinha	janelinha
eroizinhu	eroizin	heroizinho
florzinha	florzinha	florzinha
padasitu	padasin	pedacinho
nabadjita	navalha pikenin	navalhinha
arzitu	arzin	arzito
mudjerzita	amedjerzinha	mulherzita
padasitxitxu	padóse pikenin	pedacinho
kusitxa	kezinha	coisinha
kusitxitxa	kezitxitxa	coisinha pequenina

11.2.5 – **Sufiksus di ténpu y di Aspétu:** na varianti di Santiagu y na vérbus ragular nu ten fórmas «**-ba, -du, -da**»:

St.	**Sv.**	**Port.**
N papiaba	N tinha falóde	tinha falado
papiadu	es falá	fala-se
papiada	es tinha falóde	falou-se, a gente tinha falado

MORFOLOJIA DI ADIJETIVUS

Lison 12º

12.1 - **Divizon di Adijetivus**

Adijetivus é un adijuntu nominal ki ten funson di karateriza. Di akordu ku es funson, es pode subdividi na kes ki ta indika **kualidadi (ô defetu), stadu, manera di ser, aspétu ô aparénsia**.

12.1.1 - **Kualidadi**

St.	**Sv.**	**Port.**
sábi	sábe	gostoso
intilijenti	intelijente	inteligente
dretu	drete	bem educado

12.1.2 - **Stadu**

St.	**Sv.**	**Port.**
duenti	duente	doente
detadu	detóde	deitado
xintadu	sentóde	sentado

12.1.3 - **Manera di Ser**

St.	Sv.	Port.
jetozu	buldonhe	habilidoso
trakinu	trofel	traquinas
sosegadu	sosegóde	sossegado

12.1.4 - **Aspétu ô Aparénsia**

St.	Sv.	Port.
santadu	nivelóde	nivelado
sabodjadu	seboióde/turve	turvo
mariadu	marióde	que não está bem

Di akordu ku naturéza di formason, adijetivus pode ser **primitivus y dirivadus**:

12.1.5 - **Adijetivus Primitivu:** kes ki ten ses própi izisténsia, sen ninhun dirivason:

St.	Sv.	Port.
prétu	prete	preto
branku	brónke	branco
livri	livre	livre

12.1.6 - **Adijetivus Dirivadu:** es é formadu pa un radikal y un afiksu. Radikal pode ser un otu adijetivu, un substantivu ô un vérbu :

St.	Sv.	Port.
infilís	infelís	infeliz
afrikanu	afrikane	africano
kumedor	kemedor	comedor

Adijetivus dirivadu pode inda ser ***pátrius***, óki es ta indika paízis, kontinentis, stadus, rijons, sidadis, vilas ô povuadus; ***jentílikus***, óki es sta ligadu ku rasa, etnia ô povus:

12.1.7 - **Adijetivus *Pátrius»***

St.	Sv.	Port.
santiagensi	santiagense	santiaguense
mindelensi	mindelense	mindelense
fogensi	fogense	foguense

12.1.8 - **Adijetivus *Jentílikus***

St.	Sv.	Port.
kriolu	kriole	crioulo
mandjaku	mandjake	manjaco
afrikanu	afrikane	africano

12.1.9 - **Adijetivus Unifórmi y Bifórmi**

Unifórmis - É kes ki ten un úniku fórma, tantu pa séksu maskulinu kuma pa fimininu:

St.	Sv.	Port.
sinplis	sinples	simples
djolokani	sórna	sorna
grandi	grande	grande

Bifórmis - É kes ki ta adimiti flekson di séksu:

St.	Sv.	Port.
fasténtu/a	xóte/a	fastiento/a
fadjadu/a	jeneroze/a	generoso/a
bunitu/a	benite/a	bonito/a

12.2 - **Fleksons di Adijetivus**

12.2.1 - **Flekson di Nunbru**: Flekson di nunbru (**singular y plural**) ka ta izisti, dipôs di nómi kualifikadu, exsétu na kazus ki diskriolizason kontise: Asi, fórma di adijetivu é neutru, na maiór párti di kazus:

St.	**Sv.**	**Port.**
kasas **grandi**	kazas **grande**	casas **grandes**
mudjeris **bunita**	amedjeres **benita**	mulheres **bonitas**
karus **burmedju**	kórres **vermelhu**	carros **vermelhos**

NB: Óki adijetivu ta ben antis di nómi kualifikadu, el pode ben ku flekson di nunbru: **Grandis ómi, unbês, ta konxeda**.

12.2.2 - **Markas di séksu:** Adijetivus bifórmi ta aprizenta, na Santiagu, «-**u, -or, -es**», pa maskulinu y terminason «-a, -era, -eza» pa fimininu. Na S. Visenti, nu ten «-**e, -or, -es**» pa maskulinu y «-**a, era** (-**eira**), -**éza**» pa fimininu:

St.	**Sv.**	**Port.**
bunitu/a	benite/a	bonito/a
kumedor/era	kemedor/era	comedor/eira
purtugês/éza	purtugês/éza	português/esa

12.3 - **Graus di Adijetivus**

Sima na maiór párti di línguas, na KKV, tanbe, nu ten tres grau na adijetivus: **puzitivu, konparativu y superlativu.**

12.3.1 - **Grau Puzitivu**[20]**:** É konsideradu grau zéru, ndému, kel grau ki ka ta leba ninhun marka di konparason y ninhun fórma di superlativu:

St.	Sv.	Port.
txuba **rixu**	txuva **forte**	chuva **rija**
mudjer **komodadu**	amedjer **rezervóde**	mulher **reservada**
mininu **dretu**	menine **drete**	menino **educado**

12.3.2 - **Grau Konparativu:** É kel ki ta stabilise un konparason, ki pode ser di **supirioridadi, di infirioridadi y di igualdadi.**

a) **Konparativu di Supirioridadi:** El ta forma ku adivérbiu «**más**», ki pode ser raforsadu ku otus adivérbiu sima «**mutu, inda, inda mutu**». Pa es grau, en raferénsia, ta kolokadu, na fin, partíkulas «**ki, di ki/ke, de ke**»:

St.	Sv.	Port.
mininu más dretu ki bo	menine más drete ke bo	menino mais educado do que tu
mininu más dretu di ki bo	menine más drete de ke bo	
mininu mutu más dretu ki bo	menine mute más drete ke bo	menino muito mais educado do que tu
mininu inda más dretu ki bo	menine ainda más drete ke bo	menino ainda mais educado do que tu
mininu inda mutu más dretu ki bo	menine ainda mute más drete ke bo	menino ainda muito mais educado do que tu

[20] Alguns studiozu ta pâpia, oji, di grau normal, na lugar di di grau puzitivu.

b) **Konparativu di Infirioridadi:** El ta forma ku adivérbiu «**ménus/ menes**» ki pode ser raforsadu ku «**mutu/mute, inda/ainda**»:

St.	Sv.	Port.
el é ménus riku ki bo	el ê menes rike ke bo	ele é menos rico do que tu
el é mutu ménus riku ki bo	el ê mute menes rike ke bo	ele é muito menos rico do que tu
el é inda ménus riku ki bo	el ê menes rike ainda ke bo	ele é ainda menos rico do que tu
el é inda mutu ménus riku ki bo	el ê mute menes rike ainda ke bo	ele é ainda muito menos rico do que tu

c) **Konparativu di Igualdadi:** El ta forma ku adivérbiu «**sima, móda**» y ku unidadis diskontinuadu «**ton ... kuma** (St), **tãu... kemá**» (Sv.):

St.	Sv.	Port.
el é dretu sima nos	el ê drete móda nos	ele é educado como nós
el é dretu móda nos	el ê drete móda nos	ele é educado como nós
el é ton dretu kuma nos	el é tãu drete kemá nos	ele é tão educado como nós

12.3.3 - **Grau Superlativu:** El ta indika un kualidadi na grau elevadu, y é pusível fase konparason na es nível. Superlativu ta dividi en **absolutu y relativu. Absolutu ta dividi en sinplis**[21] **y konpostu**:

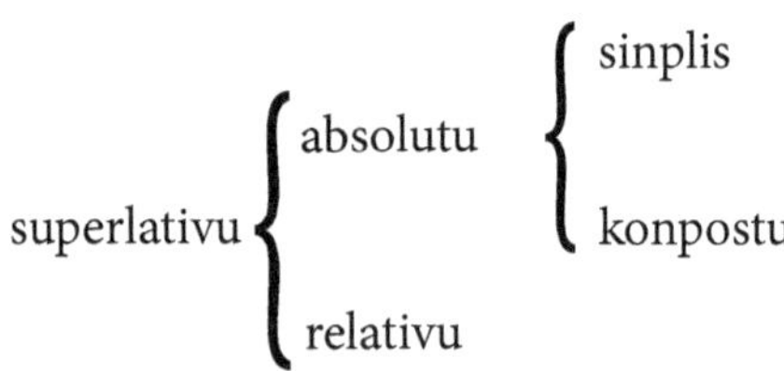

[21] Alguns gramátiku oji ta pâpia di superlativu sintétiku y analítiku na lugar di sinplis y konpostu.

a) **Superlativu absolutu sinplis** – Es grau so ta izisti na fórmas diskriolizadu y el ta forma ku sufiksu «-ísimu, -ísime»:

St.	Sv.	Port.
intilijentísimu	intelijentísime	inteligentíssimo
rikísimu	rikísime	riquíssimo
lindísimu	lindísime	lindíssimo

b) **Superlativu Absolutu Konpostu** – El ta forma ku adivérbius «**mutu/e, bastanti/e, ben, konpletamenti/e, stremamenti/e**» antis di adijetivu. Alguns bes, nu ta enkontra «**tudu/e**» antis di adijetivu. Otus bes, superlativu ta forma ku repitison di mésmu adijetivu ô ku akrisentamentu di un otu. Na Santiagu, superlativu abisolutu konpostu pode forma, inda, ku antisipason di «**rai di**» y na S. Visenti ku pospozison di «**pa frónta, pa xuxú, de munde**»:

St.	Sv.	Port.
mutu bunitu	mute benite	muito bonito
bastanti grandi	bastante grande	bastante grande
ben grandi	ben grande	bem grande
konpletamenti ratxadu	konpletamente ratxóde	completamente roto
stremamenti duenti	stremamente duente	extremamente doente
tudu ratxadu	tude ratxóde	completamente roto
dretu, dretu	mute drete	muito educado
feiu diskansadu	feie pa xuxú	feio sem medida
rai di sábi	sabe pa frónta, sabe de munde	muito gostoso

c) **Superlativu Relativu** – El ta forma ku adivérbius «**más, ménus/ es**» sigidus di adijetivu. Na alguns kazu, el ta forma ku artigu «**kel**»:

St.	**Sv.**	**Port.**
Ntóni é alunu más studiozu di skóla	Ntone ê alune más studioze de skóla	António é o aluno mais estudioso da escola
el é profesor ménus aplikadu di liseu	el ê profesor menes aplikóde de liseu	ele é o professor menos aplicado do liceu
es é kel más karu ki N kunpra	ese ê kel más kóre ke N konprá	este é o mais caro que comprei

MANIFESTASON DI ARTIGU

Lison 13º

13.1 - **Izisténsia Prekáriu**

Artigu, komu klasi gramatikal, el ka ta izisti. Ta izisti, entritantu, alguns manifestason di artigu difinidu ki alguns bes ta konfundi ku adijetivu dimostrativu:

St.	**Sv.**	**Port.**
kel ómi ki N odja	**kel** ome ke N oiá	o homem que vi
kel ómi	kel ome	aquele homem

Enprégu di «**kel**» komu artigu difinidu é mutu raru. Normalmenti el ka ta uzadu:

St.	**Sv.**	**Port.**
kasa di Ntóni	kaza de Ntone	a casa do António
trabadju di kanpu	trabóie de kónpe	o trabalho do campo

Artigu indifinidu, el, el ta izisti ku dos realizason: «**un, uns**». Fórma di singular «**un**» txeu bes, el ta konfundi ku numeral «**un**».

St.	**Sv.**	**Port.**
un ómi debe sta sénpri purparadu pa sábi y pa kasábi	un ome devê stóde senpre preparóde pa ben y pa mal	um homem deve estar sempre preparado para o bem e para o mal
uns é bon, otus é mariadu	uns ê drete, otes ê mariόde	uns são bons, outros são maus

13.2 - **Prezénsa pa Aglutinason**

Na alguns kazu, nu ta verifika aglutinason di artigu difinidu plural na formason di alguns palavra, sima:

azilha	<	as ilhas
azágua	<	as águas
pa zdreta	<	para as direitas
Uzórgu	<	os Órgãos

ADIJETIVUS POSESIVU

Lison 14°

Adijetivu posesivu é un diterminanti ki ten funson di ditermina pósi di un obijétu ô di un kusa ki ta izisti, ralasionadu ku posuidor.

14. 1 - **Naturéza di Adijetivus Posesivu**

Adijetivus posesivu pode indika un posuidor ô txeu posuidor. Es é fórma neutru ki ka ten jéneru, nen séksu, exsétu ku fórmas di ruspetu «di nho» y «di nha». Na Santiagu.

14.1.1 - **Fórmas ki ta Indika un Úniku Posuidor**

St.		Sv.		Port.	
singular nha di-meu	**plural** nhas	**singular** nha de meu/de minha	**plural** nhas	**singular** o meu/a minha	**plural** os meus/as minhas
singular bu bos di bo di nho di nha	**plural** bus	**singular** bo de bósa bosê/de bosê	**plural** bos	**singular** teu/tua o teu/a tua o vosso/a vossa	**plural** teus/tuas os teus/as tuas os vossos/ as vossas
singular si/se di sel	**plural** ses	**singular** se de seu	**plural** ses	**singular** o seu/a sua	**plural** os seus/as suas

Izénplus ku un Posuidor Apénas

St.	Sv.	Port.
nha kasa	nha kaza	a minha casa
nha fidju	nha fidje	o meu filho
kasa di meu	kaza de meu/de minha	
fidju di meu	fidje de meu/de minha	
nhas kasa	nhas kaza	as minhas casas
nhas fidju	nhas fidje	os meus filhos
kasas di meu	kazas de meu/de minha	
fidjus di meu	fidjes de meu/de minha	

St.	Sv.	Port.
bu kadérnu	bo kaderne	o teu caderno
bu mudjer	bo amedjer	a tua mulher
kadérnu di bo	kaderne de bósa	
mudjer di bo	amedjer de bósa	
bus kadérnu	bos kaderne	os teus cadernos
bus mudjer	bos amedjer	as tuas mulheres
kadérnus di bo	bos kaderne	
mudjeris di bo	bos amedjer	

St.	Sv.	Port.
livru di nho	bosê livre/livre de bosê	o vosso livro
mudjer di nho	bosê amedjer/amedjer de bosê	a vossa mulher
livrus di nho	livres de bosê	os livros do senhor
mudjeris di nho	bosês amedjer	as mulheres do senhor

St.	Sv.	Port.
si trabadju	se trabóie	o seu trabalho
si rapariga	se txutxa	a sua concubina
trabadju di sel	trabóie de seu	
rapariga di sel	txutxa de seu	
si trabadjus	ses/sis trabóie	os seus trabalhos
si raparigas	ses rapariga	as suas concubinas
trabadjus di sel		
raparigas di sel		

14.1.2 – **Fórmas ki ta Indika Más ki un Posuidor**

St.		Sv.		Port.	
singular	**plural**	**singular**	**plural**	**singular**	**plural**
nos di nos di nhos	nos di nos di nhos nhos ses di ses	nos de nos de bezote	nos de nos de bosês bezote ses de seus	nosso/nossa	nossos/nossas vosso/vossa vossos/vossas seus/suas

Izénplu ku Más ki un Posuidor

St.	Sv.	Port.
nos faka	nos faka	a nossa faca
nos pratu	nos próte	o nosso prato
faka di nos	faka de nos/de-nósa	faca nossa
fakas di nos	fakas de nos	facas nossas
pratus di nos	prótes de nos	pratos nossos

St.	Sv.	Port.
nhos amigu	bezote amige	o vosso amigo
nhos amiga	bezote amiga	a vossa amiga
amigus di nhos	amiges de bezote	os vossos amigos
amigas di nhos	amigas de bezote	as vossas amigas

St.	Sv.	Port.
ses trabadju	ses trabóie	os seus trabalhos
ses rapariga	ses txutxa	as suas concubinas
trabadju di ses		trabalhos seus
raparigas di ses		concubinas suas

ADIJETIVUS DIMONSTRATIVUS
Lison 15º

Adijetivu dimonstrativu é un otu diterminanti ku funson di sítua diterminadu na spasu y na ténpu.

15.1 – **Fórmas ki ta Indika Prosimidadi di Kenha ki sa-ta Pâpia**

St.	Sv.	Port.
es, es...li, kel-li	ese	este, esta, isto
kes...li	es	estes, estas

Izénplus:

St.	Sv.	Port.
es kasa	ese kaza	esta casa
es livru	ese livre	este livro
es kasa li	ese kaza	
kel kasa li		
kes kasa li	es kaza	estas casas
kes livru li	es livre	estes livros

15.2 – **Fórmas ki Indika prosimidadi di Kenha sa-ta Papiadu ku El**

St.	Sv.	Port.
kel...la	kel...la	esse, essa
kes...la	kes...la	esses, essas

Izénplus:

St.	Sv.	Port.
kel kasa la	kel kaza la	essa casa
kel livru la	kes livre la	esse livro

15.3 – **Fórmas ki ta Indika Afastamentu**

St.	Sv.	Port.
kel di, kel ki	kel	o, a (que)
kel ...la	kel ...la	aquele /aquela
kes ...la	kes ...la	aqueles/aquelas
kes	kes	os/as

Izénplus:

St.	Sv.	Port.
Kel ki N kre	kel ke N krê	o/a que eu quero
Kel ómi la	kel ome la	aquele homem
kes ómi la	kes ome la	aqueles homens
kes ki N kre	kes ke N krê	os/as que eu quero

ADIJETIVUS RELATIVU

Lison 16º

Adijetivu Relativu é un adijuntu ki ta rafiri un kusa ki dja foi mensionadu. Si fórma é neutru, ralasionadu ku jéneru, mas el ten fórmas di singular y di plural.

St.	**Sv.**	**Port.**
ki	ke	que
ki...si	ke...se	cujo, cuja
ki ses	ke...ses	cujos, cujas
undi, napundi, naundi	ondê	onde

Izénplus

St.	**Sv.**	**Port.**
livru ki N skrebe	livre ke N skrevê	o livro que escrevi
kabra ki si fidju more	kabra ke se fidje morrê	a cabra cujo filho morreu
kabra ki ses fidju móre	kabras ke ses fidje morrê	a cabra cujos filhos morreram
lugar undi N sta	lugar ondê N tâ	o lugar onde eu estou

ADIJETIVUS INTEROGATIVU
Lison 17º

Adijetivu interogativu é un adijuntu nominal ki ta sirbi pa fase un interogason. El é neutru, ralasionadu ku jéneru, mas el ten dos fórma pa singular y pa plural (kal/kas; kantu/kantus). Tudu kes otu fórma é neutru:

St.	**Sv.**	**Port.**
kal	kal	qual
kas	kuais	quais
ki	ke	que
undi	ondê	onde
pundi	aondê	aonde
kantu	tónte	quanto/a
kantus	tónte	quantos/as
modi /mamodi	manera	como

Izénplus:

St.	**Sv.**	**Port.**
kal livru bu kre?	kal livre bo krê?	qual livro queres?
kas livru bu kre?	kuais livre bo krê?	quais livros queres?
ki óra sta?	tónt'óra stá?	que horas são?
undi skóla ta fika?	ondê skóla ta feká?	onde fica a escola?
napundi bu bai?	ondê bo bá?	aonde foste?
kantu fidju bu ten?	tónte fidje bo ten?	quantos filhos tens?
modi ki bu sta?	manera bo tâ?	como estás?

ADIJETIVUS INDIFINIDU

Lison 18º

Adijetivu indifinidu é un adijuntu ki ta spesifika di fórma vagu un nómi. É neutru, ralasionadu ku jéneru, mas el ten alguns fórma di plural:

St.		Sv.		Port.	
Singular	**plural**	**Singular**	**plural**	**Singular**	**plural**
algun	alguns	algun	alguns	algum/a	alguns/as
ninhun	ninhuns	ninhun	ninhuns	nenhum/a	nenhuns/as
tudu	tudu	tude	tude	todo/a	todos/as
txeu	txeu	txeu	txeu	muito/a	muitos/as
mutu	mutu	mute	mute	muito/a	muitos/as
sértu	sértus	serte	sertes	certo/a	certos/as
tantu	tantus	tónte		tanto/a	tantos/as
kantu	kantus	kónte		quanto/a	quantos/as
otu	otus	ote	otes	outro/a	outros/as
kada	kada	kada		cada	
kalker	kasker	kualker		qualquer	quaisquer

Izénplus:

St.	Sv.	Port.
algun mudjer	algun amedjer	alguma mulher
alguns mudjer	alguns amedjer	algumas mulheres
ninhun ómi	nenhun ome	nenhum homem
ninhuns ómi	nenhuns ome	nenhuns homens
tudu dia	tude dia	todo o dia
txeu kusa	txeu koza	muita coisa/muitas coisas
mutu barudju	mute barulhe	muito barulho
sértu dia	serte dia	certo dia
sértus dia	sertes dia	certos dias
tantu algen	tónte jente	tanta gente
kantu livru	tónte livre	quantos livros
otu kusa	ote koza	outra coisa
otus kusa	otes koza	outras coisas
kada dia	kada dia	cada dia
kalker kusa	kualker koza	qualquer coisa

MORFOLOJIA DI NUMERAL

Lison 19º

Numeral é, tanbe, un diterminanti, un adijuntu nominal. Si funson é ditermina un nunbru, un kuantidadi, órden di sekuénsia, multiplikason, frakson ô indikason di un konjuntu. Si jéneru é neutru.

19. 1 – **Naturéza di numeral**

Di akordu ku naturéza di diterminason, ten numeral kardinal, ordinal, multiplikativu, fraksionáriu y kuletivu.

19.1.1 – **Numeral Kardinal**

Numeral Kardinal	**St.**	**Sv.**	**Port.**
1	un	un	um
2	dos	dos	dois
3	tres	tres	três
4	kuatu	kuate	quatro
5	sinku	sinke	cinco
6	sais	seis	seis
7	séti	sete	sete
8	oitu	oite	oito
9	nóvi	nóve	nove
10	dés	dés	dez
11	ónzi	onze	onze

Numeral Kardinal	St.	Sv.	Port.
12	dozi	doze	doze
13	trezi	treze	treze
14	katorzi	katorze	catorze
15	kinzi	kinze	quinze
16	dizasais	dezaseis	dezasseis
17	dizaséti	dezasete	dezasete
18	dizóitu	dezoite	dezoito
19	dizanóvi	dezanove	dezanove
20	vinti	vinte	vinte
21	vinti y un	vinte y un	vinte e um
30	trinta	trinta	trinta
40	korénta	koránta	quarenta
50	sinkuénta	sinkuénta	cinquenta
60	saśénta	seśénta	sessenta
70	saténta	seténta	setenta
80	oiténta	oiténta	oitenta
90	novénta	novénta	noventa
100	sén	sén	cem
200	duzéntus	duzentes	duzentos
300	trezéntus	trezentes	trezentos
400	kuatuséntus	kuatesentes	quatrocentos
500	kinhéntus	kinhentes	quinhentos
600	saiséntus	seisentes	seiscentos
700	setiséntus	setesentes	setecentos
800	oituséntus	oitesentes	oitocentos
900	noviséntus	novesentes	novecentos
1000	mil	mil	mil
10.000	dés mil	dés mil	dez mil
100.000	sén mil	sén mil	cem mil
1.000.000	un milhon	un milhon, ãu	um milhão
1.000.000.000	un bilhon	un bilhon, ãu	um bilhão

19.1.2 - **Numeral Ordinal**

St.	Sv.	Port.
purmeru	primer	primeiro
sugundu	segunde	segundo
tirseru	tirser/terser	terceiro
kuartu	kuarte	quarto
kintu	kinte	quinto
sestu	seste	sexto
sétimu	sétime	sétimo
oitavu	oitave	oitavo
nonu	none	nono
désimu	désime	décimo
désimu purmeru<?>	désime primer	décimo primeiro
désimu sugundu	désime segunde	décimo segundo
désimu tirseru	désime tirser	décimo terceiro
désimu kuartu	désime kuarte	décimo quarto
désimu kintu	désime kinte	décimo quinto
désimu sestu	désime seste	décimo sexto
désimu sétimu	désime sétime	décimo sétimo
désimu oitavu	désime oitave	décimo oitavo
désimu nonu	désime none	décimo nono
vintésimu<?>	vintésime	vigésimo
vintésimu purmeru	vintésime primer	vigésimo primeiro
trintésimu	trintésime	trigésimo
korentésimu	kuarentésime	quadragésimo
sinkuentésimu	sinkuentésime	quinquagésimo
sasentésimu	sesentésime	sexagésimo
satentésimu	setentésime	septuagésimo
oitentésimu	oitentésime	octogésimo
noventésimu	noventésime	nonagésimo
sentésimu	sentésime	centésimo
duzentésimu	duzentésime	ducentésimo
trezentésimu	trezentésime	trecentésimo
kuatusentésimu	kuatesentésime	quadringentésimo

St.	Sv.	Port.
kinhentésimu	kinhentésime	quingentésimo
saisentésimu	seisentésime	seiscentésimo
setisentésimu	setesentésime	septingentésimo
oitusentésimu	oitesentésime	octingentésimo
novisentésimu	novesentésime	nongentésimo
milésimu	milésime	milésimo
dés milésimu	dés milésime	dez milésimos
sén milésimu	sén milésime	cem milésimos
milionésimu	milionésime	milionésimo
bilionésimu	bilionésime	bilionésimo

19.1.3 - **Numeral Multiplikativu**

Ku exseson di fórmas «dobru/dobre, duplu/duple, triplu/triple», nu ta verifika ma numeral multiplikativu ta uzadu poku. Y óki si uzu é indispensável, ta enpregadu, normalmenti, numeral kardinal sigidu di térmu «bes», na Santiagu; y di «ves», na S. Visenti:

St.	Sv.	Port.
kuatu bes	kuate ves	quatro vezes
sinku bes	sinke ves	cinco vezes
sais bes	seis ves	seis vezes

19.1.4 - **Numeral Fraksionáriu**

El ta indika un frakson di un unidadi ô un párti di es mésmu unidadi. Kes más frekuenti é: «meiu/mei ; metadi/metade; un tersu/un terse». Tudu kes otu ta konfundi ku karddinal y ku ordinal koruspondenti: «dos kuartu, tres kintu/ dos kuarte, tres kinte...».

19.1.5 - **Numeral Kuletivu**

Numeral kuletivu ta dizigna un konjuntu. Kes más frekuenti é:

St.	**Sv.**	**Port.**
par	par	par
dúzia	dúzia	dúzia
meia-dúzia	meia-dúzia	meia-dúzia
dizéna	dezéna	dezena
dékada	dékada	década
séntu	sente	cento
senténa	senténa	centena
séklu	sékle	século
kontu	konte	conto
milhar	milhar	milhar
milhon	milhãu	milhão
bilhon	bilhãu	bilhão

PRONÓMIS PESOAL

Lison 20º

Pronómi pesoal é un unidadi ki, abitualmenti, ta enpregadu pa substitui un nómi di algen. El pode indika sujeitu ô konplementu y, na es últimu kazu, el pode ser átonu ô tóniku:

20.1 – **Pronómi Pesoal Sujeitu**

	St.		**Sv.**		**Port.**	
	singular	**plural**	**singular**	**plural**	**singular**	**plural**
1ª pessoa	N, mi, ami	nu, anos	N, mi	no	eu	nós
2ª pessoa	bu, bo, abo, nhu, nho, nha, anho, anha	nhos anhos	bo bosê	bezote bosês	tu	vós
3ª pessoa	el, e	es, aes	el	es	ele	eles

Izénplus

St.	**Sv.**	**Port.**
N kre (mi N kre; ami N kre)	N krê	eu quero
bu kre (bo bu kre, abo bu kre)	bo krê	tu queres
el kre (ael e kre)	el krê	ele quer
nu kre (anos nu kre)	no krê	nós queremos
nhos kre (anhos nhos kre)	bezote krê	vós quereis
es kre (aes es kre)	es krê	eles querem

20.2 – **Pronómi Pesoal Konplementu**

	St.		Sv.		Port.	
	singular	**plural**	**singular**	**plural**	**singular**	**plural**
1º pessoa	m, mi	nu	me	ne, nos	me	nos
2º pessoa	bu, u nho, nha	nhos, nos	be bosê	bezote bosês	te	vos
3º pessoa	l	s	l	s	o, a, lhe	os, as, lhes

Izénplus:

St.	**Sv.**	**Port.**
el da-m	el dá-me	ele deu-me
el da-u (el da-nho, el da-nha)	el dó-be (el dá-bosê)	deu-te (deu-lhe)
el da-nu	el dó-ne	deu-nos
el da-nhos	el dá-bezote (el dá-bosês)	deu-vos
el da-s	el dá-s	deu-lhes

Obs: Unidadis «nho, nha, bosê, bosês» é fórma di ruspetu.

St.		**Sv.**		**Port.**	
átonus	**tónikus**	**átonus**	**tónikus**	**átonus**	**tónikus**
m	mi, ami, nha	me	mi	me	mim
bu, u	bo, abo, anho	be, bosê	bo	te	ti
l	el, ael, si, se, ses	l, se, ses	el	lhe, o, a	ele, ela
nu	nos, anos	ne	nos	nos	nós
nhos	nhos, anhos	bezote	bezote	vos	vós
s	es, aes		es	lhes, os, as	eles, elas

Izénplus:

St.	Sv.	Port.
el odja-m, el odja-bu, el odja-l, el odja-nu, el odja-nhos, el odja-s	el oiá-me, el oió-be, el oiá-l, el oió-ne, el oiá-bezote, el oiá-s	ele viu-me, viu-te, ele viu-o, viu-nos, viu-vos, viu-os
el ben nha trás, el ben bu trás, el ben si trás, el ben nos trás, el ben nhos trás, el ben ses trás	el ben pa trás de min, pa trás de bo, pa trás d'el, pa trás de nos, pa trás de bezote, pa trás d'es	veio depois de mim, depois de ti, depois de nós, depois dele
mi el da-m, el da-m ami, bo el da-bu, el da-bu abo	mi el dá-me, bo el dó-be	deu-me a mim, deu-te a ti
nho el da-nho, anho el da-nho, nos el da-nu, anos el da-nu, nhos el da-nhos, anhos el da nhos, aes el da-l	bosê el da bosê, nos el dó-ne, bezote el dá bezote, es el dá-s	deu-vos a vós, deu-nos a nós, deu-vos a vós, deu-lhes a eles

PRONOMIS RAFLÉKSU Y RASÍPROKU

Lison 21°

21.1 - **Pronómis Rafléksus**

É un modalidadi di pronómi pesoal ki si partikularidadi sta na koruspondénsia entri ajenti y pasienti. Es ta manifesta di dos manera: a) vérbu + kabésa; b) vérbu + adijetivu posesivu + kabésa.

Izénplus:

St.	**Sv.**	**Port.**
a) e mata kabésa	el matá kabésa	matou-se
b) e mata si kabésa	el matá se kabésa	matou-se

Obs: Maiór párti di rafléksus na purtugês ten atualizason zéru na KKV:

St.	**Sv.**	**Port.**
el labanta	el levantá	levantou-se
el trapadja	el trapalhá	atrapalhou-se
el deta	el detá	deitou-se

21.2 - **Pronómis Rasíproku**

Es tipu di pronómi ta indika rasiprosidadi di ason y el ta atualiza, na Santiagu, pa «nu, nhos, es + vérbu + kunpanheru». Na S. Visenti, pa «no, bezote, bosês, es + vérbu+ kunpanher». Na Santiagu, inda, fórma rasíproku pode realizadu ku «ku + es + vérbu»; na S. Visenti ku nómi + ma + nómi + vérbu + na kunpanher»:

St.	Sv.	Port.
a) nu kre kunpanheru txeu	no krê kunpanher txeu	amamo-nos muito
b) nhos ta ama kunpanheru	bezote ta amá kunpanher	vocês amam-se
c) es ta ama kunpanheru	es ta amá kunpanher	eles se amam
d) Ntóni ku Pedru es nbrasa	Ntone ma Pedre brasá na kunpanher	o António e o Pedro abraçaram-se

PRÓNOMIS POSESIVU

Lison 22º

Pronómi posesivu é un unidadi, ô spreson, ki ta susbtitui un sintagma, pa indika pósi. El pode indika un ô más ki un posuidor. Ta izisti fórmas diferenti pa 1º, 2º y 3º pesoa. El ka ten jéneru, nen séksu, exsétu fórmas di ruspetu, na Santiagu:

St.		**Port.**	
un posuidor	**várius posuidor**	**un posuidor**	**várius posuidor**
di-meu di-me	di-nos	meu, minha	nosso, nossa
kel di-meu kel di-me		o meu, a minha	o nosso, a nossa
di-bo kel di-bo di-nho, di-nha kel di-nho, kel di nha	di-nhos kel di-nhos	teu, tua o teu, a tua seu, sua o seu, a sua	vosso, vossa o vosso, a vossa seus, suas os seus, as suas
di-seu, di-sel	di-ses	seu, sua	seu, suas
kes di-meu kes di-me	kes di-nos	os meus, as minhas	os nossos, as nossas
kes di-bo kes di-nho, kes di nha	kes di-nhos	os teus, as tuas os seus, as suas	os vossos, as vossas os seus, as suas
kes di-sel	kes di-ses	os dele	os deles

S. Vicente	
un posuidor	**várius posuidor**
meu	nósa
de-meu	de-nos
minha, de-minha	de-nósa
kel de-meu, kel de-minha	kel de-nósa
bósa, de-bósa	de-bosês, de-bezote
kel de-bo, kel de-bósa	kel de-bosês, kel de-bezote
de-bosê, kel de-bosê	de-bosês, kel de-bosês
de-seu, kel de-seu	de-seus, kel de-seus
meus, kes de-meu, kes de-minha	kes de-nósa
kes de-bo, kes de-bósa kes de-bosê	kes de-bezote kes de-bosês

Izénplus:

St.	Sv.	Port.
di-meu é branku	de-meu ê brónke	o meu é branco/a minha é azul
di-bo é azul	de-bósa ê azul	o teu é azul/a tua é azul
di-sel é prétu	de-seu ê prete	o seu é preto/a sua é preta
di-nos é kastanhu	de-nósa ê kastónhe	o nosso é castanho/a nossa é castanha
di-nhos é amarélu	de-bezote/de-bosês ê amarel	o vosso é amarelo / a vossa é amarela
di-ses é verdi	de-seus ê verde	o dele é verde / a dela é verde
kes di-meu é grandi	kes de-minha ê grande	os meus são grandes / as minhas são grandes
kes di-bo é grandi	kes de-bósa ê grande	os teus são grandes / as tuas são grandes
kes di-sel é grandi	kes de-seu ê grande	os seus são grandes / as suas são grandes
kes di-nos é grandi	kes de-nos/de-nósa ê grande	os nossos são grandes / as nossas são grandes
kes di-nhos é grandi	kes de-bezote/ de-bosês ê grande	os vossos são grandes / as vossas são grandes
kes di-ses é grandi	kes de-seus ê grande	os deles / as delas são grandes

PRONÓMIS DIMONSTRATIVU

Lison 23º

Es é unidadis ku funson di substitui un sintagma nominal y di sítua dizignadu na ténpu, ô na spasu. Es pode indika prosimidadi ô afastamentu. Pode ten fórmas spesífiku pa kada un di es situason. Plural ta izisti, mas jéneru é sénpri neutru:

St.		Sv.		Port.	
singular	**plural**	**singular**	**plural**	**singular**	**plural**
es-li kel-li	kes-li	ese	es		estes/estas
es kusa	kes kusa-li	es koza		este/esta, isto	
el	es	el	es		
kel-la kel	kes-la kes	kel-la, ise kel	kes-la kes	aquele/a, isso, aquilo	aqueles/as

Izénplus:

St.	Sv.	Port.
es-li é dretu	ese ê drete	este é bom, esta é boa, esse é bom, essa é boa
kel-li é dretu		isto é bom
es kusa é dretu	es koza ê drete	
kes-li é dretu	es ê drete	estes são bons, estas são boas
kel-la é dretu	kel-la ê drete	aquele é bom, aquela é boa
kes-la é dretu	kes-la ê drete	aqueles são bons, aquelas são boas
da-m el/da-m kel-li	dá-me ise	dá-me isto
da-m kel-la	dá-me kel-la	dá-me aquilo, dá-me isso

PRONÓMIS RELATIVU

Lison 24º

Es é unidadis di substituison y es ta rafiri a algun kusa. Es ka ten marka di jéneru, nen di séksu, nen di nunbru:

St.	Sv.	Port.
ken	ken	quem
ki	ke	que
kenha	kin	quem
undi	ondê, dondê	onde

Izénplus:

St.	Sv.	Port.
ken ki ben ta bai	ken ke ben ta bai	quem vier torna a partir
kenha ki ben ta bai	kin ke ben ta bá	
livru ki N skrebe	livre ke N skrevê	o livro que escrevi
undi bu sta N ka ta sta	ondê bo ta, N ka ta stóde	onde estás eu não estou

PRONÓMIS INTEROGATIVU
Lison 25º

Pronómis interogativu é unidadis di substituison ki ka ten jéneru, nen plural y ki ta sirbi pa introduzi un interogason:

St.	Sv.	Port.
kusé	kezê/ke koza	que
ken	ken	quem
kenha	kin	quem
kal	kól /kual	qual
ki	ke	que
undi	ondê	onde
kantu	konte/tónte	quanto/a, os, as

Izénplus:

St.	Sv.	Port.
kusé bu kre?	kezê bo krê?	que queres?
ken sta li?	ken tâ li?	quem está aqui?
kenha ki ben?	kin ke ben?	quem veio?
kal bu kre?	kól bo krê?	qual queres?
undi bu sta?	ondê bo tâ?	onde estais?
kantu é?	tónt'ê?	quanto é?

PRONÓMIS INDIFINIDU
Lison 26°

Es é unidadis di substituison ku un sentidu vagu ô indetirminadu. Ten alguns fórma pa singular y pa plural, mas ses jéneru é neutru.

Asvês, es ta konfundi ku adivérbiu di kuantidadi:

St.		**Sv.**		**Port.**	
singular	**plural**	**singular**	**plural**	**singular**	**plural**
txeu	txeu	txeu	txeu	muito/a	muito/a
tudu/fépu	tudu/fépu	tude	tude	todo/a	todos/as
tantu	tantus	tónte	tóntes	tantu/a	tantos/as
bastanti		bastante		bastante	
poku	pokus	poke	pokes	pouco/a	poucos/as
algun	alguns	algun	alguns	algum/a	alguns/as
ninhun	ninhun	nenhun	nenhuns	nenhum/a	nenhuns/as
nada	nada	nada	nada	nada	nada
kalker	kalker	kolker	kolker	qualquer	quaisquer
otu	kes otu	ote	kes ote	outro/a	outros/as
algen		jente		alguém	
ningen		ningen		ninguém	

Izénplus:

St.	Sv.	Port.
txeu ben	txeu ben	muitos vieram
é poku	ê poke	é pouco
é bastanti	ê bastante	é bastante
algun ta skapa	algun ta skapá	algum escapa
N k'odja ningen	N ka oiá ningen	não vi ninguém
ninhun ka straga	nenhun ka straga	nenhum se estragou
alguns straga	alguns stragá	alguns estragaram-se
uns é bon, otus é mau	uns ê bon otes ê mau	uns são bons e outros são maus

NB: Asvês, ta utilizadu «bu» y «nhu» komu pronómi indifinidu.

Iz: «kusa ki bu kre más txeu ki ka ta dura», «lansol ki nhu kre más ki ta panha mantxa» *(o que a gente mais quer dura pouco; o lençol que a gente mais quer é o que se mancha).*

PARADIGMA DI VÉRBUS REGULAR
Lison 27º

27.1 - **Dizinénsias Verbal**

Na KKV ta izisti poku dizinénsia na vérbus regular pa indika aspétu[22], ténpu y módu. Na varianti di Santiagu nu ta atxa «ba» (kumeba), «du» (kumedu) y «da» (kumeda).

27.2 - **Atualizadoris Verbal[23] pa Aspétu Realizadu**

Prinsipal Atualizador pa Aspétu Realizadu é:

St.	**izénplu**	**Sv.**	**izénplu**	**Port. (izénplu)**
zero (ø)	N kume	zero (ø)	N kemê	comi
dja v dja	dja N kume dja	ja v ja	ja N kemê ja	acabei de comer
dja v ba	dja N kumeba		já N tinha kemide	já tinha comido
v du	kumedu	jente v	jente kemê	a gente comeu
v da	kumeda		jente tinha kemide	tinha-se comido
dja v du dja	dja kumedu dja		jente kabá de kemê	acabou-se de comer
dja v da dja	dja kumeda dja		jente tinha kabóde de kemê	tinha-se acabado de comer

Obs: Morfolojia verbal di KKV ta da grandi inportánsia pa realizasons aspetual. Izénplus ki dipariba nu da ta indika fórmas aspetual realizadu, tantu na prezenti komu na pasadu.

[22] **Aspétu** é manera modi son verbal ta aprizenta (realizadu, ô nãu realizadu)

[23] Alguns linguista ta da nómi di **morféma predikativu** pa atualizadoris verbal.

27.3 – Prinsipais Atualizador pa Fórmas Aspetual nãu Realizadu

a)

St.	Izénplu	Sv.	Izénplu	Port.
Ø (zero)	kume	Ø (zero)	kemê	comer
	kume		kemê	come
	nhu kume		bosê kemê	coma
	nu kume		no kemê	comamos
	nhos kume		bezote kemê, bosês kemê	comam

b)

St.	Izénplu	Sv.	Izénplu	Port.
sa-ta v	N sa-ta kume	ti ta v	N ti ta kemê	estou a comer
sa-ta v ba	N sa-ta kumeba	tava ta v	N tava ta kemê	estava a comer
sa-ta v du	sa-ta kumedu	jente ti ta v	jente ti ta kemê	está-se a comer
sa-ta v da	sa-ta kumeda	jente tava ta	jente tava ta kemê	estava-se a comer

c)

St.	Izénplu	Sv.	Izénplu	Port.
ta v	N ta kume	ta v	N ta kemệ	como, comerei
ta v ba	N ta kumeba	tava v	N tava kemê	comia, comeria
ta v du	ta kumedu	jente ta v	jente ta kemê	come-se
ta v da	ta kumeda	jente tava v/tá v	jente tava/tá kemê	comia-se

d)

St.	Izénplu	Sv.	Izénplu	Port.
al v	al txobe	a-de v	txuva a-de ben	a chuva há de vir
al sa-ta v	al sa-ta txobe	devê v	txuva devê stóde ta kaí	deve estar a chover
al sa-ta v ba	al sa-ta txobeba	devia v	txuva devia stóde ta kaí	devia estar a chover
al sa-ta v du	al sa-ta kumedu	jente devê v	jente devê stóde ta kemê	deve-se estar a comer
al sa-ta v da	al sa-ta kumeda	jente devia v	jente devia stóde ta kemê	devia-se estar a comer

Obs: En a) nu ten un fórma intenporal ô infinitivu y tres fórma injuntivu ô inperativu; en b) nu ten divérsus fórma progresivu na prezenti y na pasadu; en c) nu ten fórma abitual na prezenti y na pasadu; en d) nu ten fórma eventual tantu na prezenti komu na pasadu.

27.4 – **Konjugason Verbal na Nomenklatura Tradisional y na Kriolística**

1. MÓDU INDIKATIVU

1.1.1 – **Indikativu Prezenti** (Fórma nãu Realizadu Abitual Atual)

St.	Sv.	Port.
N ta kume	N ta kemȩ̂	como
bu ta kume	bo ta kemê	comes
el ta kume	el ta kemê	come
nu ta kume	no ta kemê	comemos
nhos ta kume	bezote ta kemê	comeis
es ta kume	es ta kemê	comem

Obs: Uzu di pronómi pesoal sujeitu é fakultativu na purtugês y obrigatóriu na KKV.

1.1.2 - **Indikativu Prezenti** (Fórma nãu Realizadu Progresivu Atual)

St.	Sv.	Por.
N sa-ta kume	N ti ta kemê	estou a comer
bu sa-ta kume	bo ti ta kemê	estás a comer
el sa-ta kume	el ti ta kemê	está a comer
nu sa-ta kume	no ti ta kemê	estamos a comer
nhos sa-ta kume	bezote ti ta kemê	estais a comer
es sa-ta kume	es ti ta kemê	estão a comer

Obs: "sa-ta" óki el ka ta konbina ku ninhun otu atualizador el ta indika fórma progresivu atual atual.

1.1.3 - **Indikativu Prezenti** (Fórma Realizadu na Prezenti Reséntí)

St.	Sv.	Port.
dja N kume dja	ja N kemê, (ja)	acabo de comer
dja bu kume dja	ja bo kemê (ja)	acabas de comer
dja el kume dja	ja el kemê (ja)	acaba de comer
dja nu kume dja	ja no kemê (ja)	acabamos de comer
dja nhos kume dja	ja bezote kemê (ja)	acabais de comer
dja es kume dja	j'es kemê (ja)	acabam de comer

1.1.4 - **Indikativu Prezenti** (Fórma nãu Realizadu indifinidu)

St.	Sv.	Port.
ta kumedu	jente ta kemê	a gente come/ come-se

1.1.5 - **Indikativu Prezenti** (Fórma nãu Realizadu Indifinidu progresivu)

St.	Sv.	Port.
sa-ta kumedu	es ti ta kemê	está-se a comer

1.1.6 - **Indikativu Prezenti** (Fórma nãu Realizadu Eventual Indifinidu Progresivu)

St.	**Sv.**	**Port.**
al sa-ta kumedu	es devê stóde ta kemê	devem estar a comer

Obs: Koruspondénsia aprosimadu en ralason ku S. Visenti y ku Portugês

1.2 - **Pretéritu Inperfetu di Indikativu** (Fórma nãu Realizadu na pasadu)

St.	**Sv.**	**Port.**
N ta kumeba	N tava kemê	comia
bu ta kumeba	bo tava kemê	comias
el ta kumeba	es tava kemê	comia
nu ta kumeba	no tava kemê	comíamos
nhos ta kumeba	bezote tava kemê	comíeis
es ta kumeba	es tava kemê	comiam

Obs: Ku vérbu ki ta indika stadu ta enpregadu apénas «ba». «N sabeba» ta signifika «eu sabia».

1.3.1 - **Pretéritu Perfeitu di Indikativu** (Fórma Realizadu na Pasadu Remotu)

St.	**Sv.**	**Port.**
N kume	N kemê	comi
bu kume	bo kemê	comeste
el kume	el kemê	comeu
nu kume	no kemê	comemos
nhos kume	bezote kemê	comestes
es kume	es kemê	comeram

1.3.2 - **Pretéritu Perfeitu di Indikativu** (Fórma Realizadu Atual indifinidu)

St.	**Sv.**	**Port.**
kumedu	es kemê	a gente comeu

1.4.1 - **Pretéritu Más-ki-Perfetu di Indikativu** (Fórma Realizadu na Pasadu Antirior)

St.	**Sv.**	**Port.**
N kumeba	N tinha kemide	tinha comido
bu kumeba	bo tinha kemide	tinhas comido
el kumeba	el tinha kemide	tinha comido
nu kumeba	no tinha kemide	tínhamos comido
nhos kumeba	bezote tinha kemide	tínheis comido
es kumeba	es tinha kemide	tinham comido

1.4.2 - **Pretéritu Más-ki-Perfetu di Indikativu** (Fórma Realizadu Inidifinidu na Pasadu Antirior)

St.	**Sv.**	**Port.**
kumeda	jente tinha kemide	a gente tinha comido

1.4.3 - **Pretéritu Más-ki-Perfetu di Indikativu** (Fórma Realizadu na Pasadu Antirior Reséntí)

St.	**Sv.**	**Port.**
dja N kumeba dja	ja N tinha kemide (ja)	tinha já comido
dja bu kumeba dja	ja bo tinha kemide (ja)	tinhas já comido
dja el kumeba dja	ja el tinha kemide (ja)	tinha já comido
dja nu kumeba dja	ja no tinha kemide (ja)	tínhamos já comido
dja nhos kumeba dja	ja bezote tinha kemide (ja)	tínheis já comido
dja es kumeba dja	ja es tinha kemide (ja)	tinham já comido

1.5.1 - **Futuru di Indikativu** (Fórma Nãu Realizadu Prospetivu)

St.	Sv.	Port.
N ta kume	N ta kemệ	comerei
bu ta kume	bo ta kemê	comerás
el ta kume	el ta kemê	comerá
nu ta kume	no ta kemê	comeremos
nhos ta kume	bezote ta kemê	comereis
es ta kume	es ta kemê	comerão

Obs: Partíkula «ta» ta utilizadu pa forma nãu realizadu abitual ô durativu atual, sima nu nu pode odja na 1.1.

1.5.2.1 - **Futuru Eventual** (Fórma Eventual Prospetivu)

St.	Sv.	Port.
N al kume	N a-de kemê	hei de comer
bu al kume	bo a-de kemê	hás de comer
e al kume	el a-de kemê	há de comer
nu al kume	no a-de keme	havemos de comer
nhos al kume	bezote a-de kemê	haveis de comer
es al kume	es a-de kemê	hão de comer

Obs: É un fórma nãu realizadu ki, pa alén di eventualidadi, ta indika, inda, un ason ku dizeju di realizason.

1.5.2.2 - **Futuru Eventual** (Fórma Eventual Indifinidu)

St.	Sv.	Port.
al kumedu	jente devê kemê	a gente deve comer

Obs: Koruspondénsia aprosimadu entri St., Sv. y Port.

2. MÓDU KONDISIONAL

Módu kondisional ta indika un aspétu nãu realizadu. El ten dos fórma : ku «**ta...ba**», undi futuru ta konjuga ku pasadu y un otu fórma «**al...sa-ta**», undi eventual ta konjuga ku pasadu.

2.1 – **Kondisional** (Fórma nãu Realizadu na Pasadu)

St.	**Sv.**	**Port.**
N ta kumeba	N tava kemê	comeria
bu ta kumeba	bo tava kemê	comerias
el ta kumeba	el tava kemê	comeria
nu ta kumeba	no tava kemê	comeríamos
nhos ta kumeba	bezote tava kemê	comeríeis
es ta kumeba	es tava kemê	comeriam

Obs: Na Sv. ten varianti «**tá**» ku mésmu funson ki «**tava**»: «**N tá kemê, bo tá kemê**» é igual ku «**N tava kemê, bo tava kemê.**

2.2 – **Kondisional** (Fórma nãu Realizadu Eventual Progresivu na Pasadu)

St.	**Sv.**	**Port.**
N al sa-ta kumeba	N devia stóde ta kemê	deveria estar a comer
bu al sa-ta kumeba	bo devia stóde ta kemê	deverias estar a comer
el al sa-ta kumeba	el devia stóde ta kemê	deveria estar a comer
nu al sa-ta kumeba	no devia stóde ta kemê	deveríamos estar a comer
nhos al sa-ta kumeba	bezote devia stóde ta kemê	deveríeis estar a comer
es al sa-ta kumeba	es devia stóde ta kemê	deveriam estar a comer

2.3 – **Kondisional** (Fórma Eventual Progresivu Indifinidu na Pasadu)

St.	**Sv.**	**Port.**
al sa-ta kumeda	es devia stóde ta kemê	deveriam estar a comer

Obs: Koruspondénsias aprosimadu.

2.4 – **Kondisional** (Fórma nãu Realizadu Eventual na pasadu)

St.	**Sv.**	**Port.**
N al kumeba	N devia kemê	deveria comer
bu al kumeba	bo devia kemê	deverias comer
e al kumeba	el devia kemê	deveria comer
nu al kumeba	no devia kemê	deveríamos comer
nhos al kumeba	bezote devia kemê	deveríeis comer
es al kumeba	es devia kemê	deveriam comer

Obs: Koruspondénsias aprosimadu.

2.5 – **Kondisional** (Fórma nãu Realizadu Eventual Indifinidu na Pasadu)

St.	**Sv.**	**Port.**
al kumeda	talvês es tava kemê	talvez comessem

Obs: Koruspondénsias aprosimadu.

3. MÓDU KONJUNTIVU

3.1 – **Konjuntivu Prezenti** (Fórma nãu Realizadu Subordinadu Atual)

St.	**Sv.**	**Port.**
inbóra...	**enbóra...**	**embora...**
N kume	N kemę̂	coma
bu kume	bo kemê	comas
el kume	el kemê	coma
nu kume	no kemê	comámos
nhos kume	bezote kemê	comais
es kume	es kemê	comam

Obs: Sintagma verbal ta ben sénpri presedidu di un konjunson konsesivu.

Ku vérbus di stadu, fórma verbal ta bira realizadu. É pur isu ki «inbóra N sabe lé» tem sentidu realizadu.

3.2 – **Inperfeitu di Konjuntivu** (Fórma nãu Realizadu subordinadu na Pasadu)

St.	Sv.	Port.
inbóra ...	**enbóra ...**	**embora ...**
N kumeba	N kemese	eu comesse
bu kumeba	bo kemese	tu comesses
el kumeba	el kemese	ele comesse
nu kumeba	no kemese	nós comêssemos
nhos kumeba	bezote kemese	vós comêsseis
es kumeba	es kemese	eles comessem

Obs: En St., fórma di inperfetu di konjuntivu é igual ku más-ki-perfetu di konjuntivu. Na verdadi, «inbóra N kumeba» pode traduzidu pa «embora comesse» komu pa «embora tivesse comido».

3.3 – **Futuru di Konjuntivu** (Fórma nãu Realizadu Subordinadu Prospetivu)

St.	Sv.	Port.
óki / si...	**kónde / se ...**	**quando / se...**
N kume	N kemệ	eu comer
bu kume	bo kemê	tu comeres
el kume	el kemê	ele comer
nu kume	no kemê	nós comermos
nhos kume	bezote kemê	vós comerdes
es kume	es kemê	eles comerem

4. MÓDU INPERATIVU

St.	Sv.	Port.
kume	kemê	come
nhu kume	bosê kemê	coma
nu kume	no kemê	comamos
nhos kume	bezote kemê, bosês kemê	comam

Obs: Kel-li é un fórma nãu realizadu injuntivu.

5. MÓDU INFINITIVU

St.	Sv.	Port.
kume	kemê	comer

Obs: É un fórma nãu realizadu intenporal.

6. PARTISÍPIU

6.1 - **Partisípiu Prezenti** (Fórma nãu Realizadu Prospetivu)

St.	Sv.	Port.
kumendu (fórma reduzidu)	kemende	comendo
si bu kume (fórma nãu reduzidu)	se bo kemê	se comeres

6.2 - **Partisípiu Pasadu**

St.	Sv.	Port.
kumedu	kemide	comido

OBSERVASON GERAL

Tudu vérbu regular ta konjuga di mésmu manera ki vérbu «kume», kualker ki é vogal temátiku. Terminolojia tradisional ta konplika grandimenti studu di vérbus. Terminolojia kriolístika ta parse más sistémiku y más pertinenti, mas é poku konxedu y, pur isu, el ten poku aseitason, atualmenti.

Exsetu alguns realizason di módu inperativu, di módu infinitivu y di partisípiu, tudu kes otu realizason di morfolojia verbal na KKV ta traze obrigatoriamenti sprésu sujeitu ô pronómi pesoal sujeitu. Vérbu «kume», sima tudu kes otu vérbu regular, ka ten flekson, exsétu ku «**du, da, ba**».

Igualmenti, vogal temátiku di vérbus regular ta permanese invariável na tudu ténpu, módu y aspétu.

Vérbus ki ta indika stadu ta konjuga lijeramenti diferenti. Es ka ten fórma progresivu y fórma abitual ô durativu ta ben ku markador ø (zéru) y nãu ku markador «ta» sima ta kontise ku vérbus regular di movimentu. Ka ta fladu «N sa-ta sabe[24]».

Fórma «**eu sei**» ta korusponde ku «**N sabe**» y nãu «**N ta sabe**».

Ku vérbus di stadu, inda, atualizador «**ba**» ta indika inperfetu di indikativu y nãu más-ki-perfetu, sima ta kontise ku vérbus di movimentu: «N kumeba» ta signifika «eu tinha comido». «**N sabeba**» ta signifika «**eu sabia**».

[24] Ku adivérbius di ténpu «gósi, manenti» ta admitidu fórma progresivu na vérbu «sabe»: «N sa-ta sabe, gósi ma bu staba nbarkadu».

STUDU DI ALGUNS VÉRBU IREGULAR

Lison 28º

Vérbus iregular ta afasta di paradigma di konjugason di «**kume**», sobritudu ralasionadu ku mudansa di vogal temátiku y, asvês, ralasionadu ku mudansa di radikal. Asi, «**ser**» pode ten realizason «**foi, éra**»; «ten» pode realiza «**tinha**», «**sta**» pode da «**stive, tive**», etc.

Vérbus iregular ki nu sa-ta ben studa é «**ser, sta, ten, tene**» y ruspetivu koruspondénsia na variedadi di S. Visenti.

VÉRBU SER

1. MÓDU INDIKATIVU

1.1.1 – **Prezenti di Indikativu** (Fórma Realizadu Atual)

St.	**Sv.**	**Port.**
mi é	mi ê	sou
bo é	bo ê	és
el é	el ê	é
nos é	nos ê	somos
nhos é	bezote ê	sois
es é	es ê	são

Obs:

a) Sima vérbu «**kume**», prezenti di indikativu ta leba atualizador «**ta**»: «**N ta kume**/*como*». Ku vérbu «ser» atualizador é zéru.

b) Prezenti di indikativu di vérbu «**kume**» é un «fórma nãu realizadu abitual atual».

c) Ku «kume», fórma realizadu na prezenti rasenti ta fasedu ku «dja...dja»: «**Dja N kume dja**/ *acabo de comer*».

d) Ku vérbu «**ser**» es fórma ka ta izisti.

1.1.2 – **Indikativu Prezenti** (Fórma nãu Realizadu Indifinidu Abitual)

St.	**Sv.**	**Port.**
ta sedu/ ta sérdu	jente deve ser	deve-se ser

Obs:

a) En St., es fórma é poku uzadu, mas el ta izisti

b) Ku "**kume**" fórma "**ta kumedu**" é frekuenti.

1.1.3 – **Indikativu Prezenti** (Fórma nãu Realizadu Progresivu Atual)

St.	**Sv.**	**Port.**
N sa-ta ser	N ti ta ser	estou sendo
bu sa-ta ser	bo ti ta ser	estás sendo
el sa-ta ser	el ti ta ser	está sendo
nu sa-ta ser	no ti ta ser	estamos sendo
nhos sa-ta ser	bezote ti ta ser	estais sendo
es sa-ta ser	es ti ta ser	estão sendo

Obs:

a) Na purtugês, é un fórma perifrástiku, na prezenti.

b) "*Estou sendo*" y "*estou a ser*" es ten kel mésmu signifikadu.

1.1.4 – **Prezenti di Indikativu** (Fórma nãu Realizadu Indifinidu Progresivu)

St.	**Sv.**	**Port.**
sa-ta sedu/sa-ta sérdu	jente ti ta ser	está-se a ser

1.1.5 – **Indikativu Prezenti** (Fórma nãu Realizadu Indifinidu Progresivu)

St.	**Sv.**	**Port.**
al sa-ta sérdu	es devê stóde ta ser	devem estar a ser

Obs: Koruspondénsias aprosimadu.

1.2 – **Pretéritu Inperfetu di Indikativu** (Fórma Realizadu na Pasadu)

St.	**Sv.**	**Port.**
mi éra	mi éra	era
bo éra	bo éra	eras
el éra	el éra	era
nos éra	nos éra	éramos
nhos éra	bezote éra	éreis
es éra	es éra	eram

Obs:

a) Sima vérbu «**kume**» y tudu kes otu vérbu di movimentu, inperfetu di indikativu é un «fórma realizadu na pasadu»: «**N ta kumeba/ N tava kemê**/ *eu comia*».

b) Sima vérbu «**kume**», radikal ka ta muda; ku vérbu «**ser**» ta da mudansa di radikal: «**mi éra**».

1.3 – **Pretéritu Perfetu di Indikativu** (Fórma Realizadu na Pasadu Remotu)

St.	**Sv.**	**Port.**
N foi	N foi	fui
bu foi	bo foi	foste
el foi	el foi	foi
nu foi	no foi	fomos
nhos foi	bezote foi	fostes
es foi	es foi	foram

Obs:

a) Pretéritu perfetu di indikativu tantu ku vérbu «**kume**», kuma ku vérbu «**ser**», é un fórma realizadu na pasadu remotu;

b) Ku «kume», radikal y vogal temátiku ka ta muda, enkuantu ku vérbu «ser» es ta muda: «N kume/N foi».

1.4.1 – **Pretéritu Más-ki-Perfetu di Indikativu** (Fórma Realizadu na Pasadu Antirior)

St.	**Sv.**	**Port.**
N tinha sidu	N tinha side	tinha sido
bu tinha sidu	bo tinha side	tinhas sido
el tinha sidu	el tinha side	tinha sido
nu tinha sidu	no tinha side	tínhamos sido
nhos tinha sidu	bezote tinha side	tínheis sido
es tinha sidu	es tinha side	tinham sido

Obs:

a) Ku vérbu «**ser**» ta utilizadu un fórma konpostu ku un osiliar más vérbu prinsipal. Ku «**kume**» ten vérbu prinsipal más atualizador «**ba**» en Santiagu: «**N kumeba/Ntinha kemide**/*tinha comido*»

b) Ku vérbu «**ser**» nu ka txiga di atxa fórma indifinidu di Más ki Perfetu. Ku vérbu «**kume**» ta izisti fórma «**kumeda**» (*tinha-se comido*).

1.4.2 – **Pretéritu Más-ki-Perfetu di Indikativu** (Fórma Realizadu na Pasadu Antirior Reséntі)

St.	**Sv.**	**Port.**
dja N tinha sidu dja	ja N tinha side ja	já tinha sido já
dja bu tinha sidu dja	ja bo tinha side ja	já tinhas sido já
dja-l tinha sidu dja	ja-l tinha side ja	já tinha sido já
dja nu tinha sidu dja	ja no tinha side ja	já tínhamos sido já
dja nhos tinha sidu dja	ja bezote tinha side ja	já tínheis sido já
dja es tinha sidu dja	ja es tinha side ja	já tinham sido já

Obs:

a) Es fórma ta korusponde «dja N kumeba dja».

b) Ku «kume» ka ten nisisidadi di enprega vérbu osiliar.

1.5.1 – **Futuru di Indikativu** (Fórma nãu Realizadu Prospetivu)

St.	**Sv.**	**Port.**
N ta ser	N ta ser	serei
bu ta ser	bo ta ser	serás
el ta ser	el ta ser	será
nu ta ser	no ta ser	seremos
nhos ta ser	bezote ta ser	sereis
es ta ser	es ta ser	serão

Obs: Ka ta izisti koruspondénsia strutural entri futuru di indikativu y prezenti di indikativu, sima ta kontise ku vérbu «**kume**»: «**N ta ser/mi é** (*serei/sou*); «**N ta kume/ N ta kume**» (*comerei/como).*

1.5.2 – **Futuru Eventual** (Fórma Eventual Progresivu)

St.	**Sv.**	**Port.**
N al ser	N a-de ser	hei-de ser
bu al ser	bo a-de ser	hás de ser
e al ser	el a-de ser	há-de ser
nu al ser	no a-de ser	havemos de ser
nhos al ser	bezote a-de ser	haveis de ser
es al ser	es a-de ser	hão-de ser

Obs: Ku vérbu «kume» ta izisti inda fórma eventual indifinidu atual «**al kumedu**». Ku vérbu «**ser**» es fórma ta parse ma ka ta izisti. Na verdadi, tioxi nu ka txiga di obi realizason «**al sedu**» ô «**al serdu**».

2. MÓDU KONDISIONAL

2.1 – **Kondisional** (Fórma nãu Realizadu na Pasadu)

St.	**Sv.**	**Port.**
N ta sérba	N tava ser	seria
bu ta sérba	bo tava ser	serias
el ta sérba	el tava ser	seria
nu ta sérba	no tava ser	seríamos
nhos ta sérba	bezote tava ser	seríeis
es ta sérba	es tava ser	seriam

2.2 - **Kondisional** (Fórma Eventual Progresivu na Pasadu)

St.	Sv.	Port.
N al sa-ta sérba	N devia stóde ta ser	deveria estar a ser
bu al sa-ta sérba	bo devia stóde ta ser	deverias estar a ser
e al sa-ta sérba	el devia stóde ta ser	deveria estar a ser
nu al sa-ta sérba	no devia stóde ta ser	deveríamos estar a ser
nhos al sa-ta sérba	bezote devia stóde ta ser	deveríeis estar a ser
es al sa-ta sérba	es devia stóde ta ser	deveriam estar a ser

Obs: Koruspondénsia aprosimadu.

2.3 - **Kondisional** (Fórma Eventual Progresivu Indifinidu na Pasadu)

St.	Sv.	Port.
al sa-ta sérda	es devê stóde ta ser	deveriam estar a ser

Obs: É mutu frekuenti obi fórma «al sa-ta kumeda», mas é mutu raru obi fórma «al sa-ta seda» ô «al sa-ta sérda».

2.4 - **Kondisional** (Fórma Eventual na Pasadu)

St.	Sv.	Port.
N al sérba	N devia ser	deveria ser
bu al sérba	bo devia ser	deverias ser
e al serba	el devia ser	deveria ser
nu al sérba	no devia ser	deveríamos ser
nhos al sérba	bezote devia ser	deveríeis ser
es al sérba	es devia ser	deveriam ser

Obs: Realizasons ki ta izisti na Sv. y na Port. ta da-nu sentidu aprosimadu di realizason di Santiagu. Asi, frazi «**N al sérba jentil ku bo, si bu trazeba-mi kel prezenti**» eventualmenti **pode traduzidu pa: «N devia ser jentil, se bo tava traze-m kel prezente/ *devia ser gentil contigo se me tiveses trazido aquele presente***».

3. MÓDU KONJUNTIVU

3.1 – **Konjuntivu Prezenti** (Fórma Realizadu Subordinadu Atual)

St.	**Sv.**	**Port.**
inbóra ...	**enbóra ...**	**embora ...**
mi é	mi ê	eu seja
bo é	bo ê	tu sejas
el é	el ê	ele seja
nos é	nos ê	nós sejamos
nhos é	bezote ê	vós sejais
es é	es ê	eles sejam

Obs:

a) Morfolojia strutural ta parse ku kel di vérbu «**kume**» (inbóra N kume), mas na es kazu el é un fórma realizadu.

b) Na 1º pesoa di plural, «**nu**» y «**no**» ta transforma na «**nos**».

3.2 – **Inperfeitu di Konjuntivu** (Fórma Realizadu subordinadu na Pasadu)

St.	**Sv.**	**Port.**
inbóra ...	**enbóra ...**	**embora ...**
mi éra	mi éra / N fose	eu fosse
bo éra	bo éra / bo fose	tu fosses
ele éra	el éra / el fose	ele fosse
nos éra	nos éra / no fose	nós fôssemos
nhos éra	bezote éra / bezote fose	vós fôsseis
es éra	es éra / es fose	eles fossem

Obs: Strutura é kel-mê di vérbu «kume» (inbóra N kumeba). Entritantu, na lugar di «ba» nu ten atualizador «ra». Más: radikal di vérbu «ser» ta muda, enkuantu kel di vérbu «kume» ka ta muda.

3.3 – **Futuru di Konjuntivu** (Fórma nãu Realizadu Subordinadu Prospetivu)

St.	**Sv.**	**Port.**
óki ...	**kónde ...**	**quando ...**
N ser	N for	eu for
bu ser	bo for	tu fores
el ser	el for	ele for
nu ser	no for	nós formos
nhos ser	bezote for	vós fordes
es ser	es for	eles forem

4. MÓDU INPERATIVU

St.	**Sv.**	**Port.**
ser, seja	ser, seja	sê
nhu ser, nhu seja	bosê ser/seja	seja
nu ser	no ser	sede
nhos ser	bezote ser/seja	sejam

5. MÓDU INFINITIVU

St.	**Sv.**	**Port.**
ser	ser	ser

6. PARTISÍPIU

6.1 – **P. Prezenti**

St.	**Sv.**	**Port.**
sendu	sende	sendo

6.2 – **P. Pasadu**

St.	**Sv.**	**Port.**
sidu, sédu, sérdu	side	sido

VÉRBU «STA»
Lison 29º

1. MÓDU INDIKATIVU

1.1.1 – **Prezenti di Indikativu** (Fórma Realizadu Atual).

St.	Sv.	Port.
N sta	N tâ	estou
bu sta	bo tâ	estás
el sta	el tâ	está
nu sta	no tâ	estamos
nhos sta	bezote tâ	estais
es sta	el tâ	estão

Obs:

a) Atualizador verbal é zéru (ø). Ku «**kume**», atualizador é «**ta**» (**N ta kume/ N ta kemê**/ *como*).

b) É un fórma realizadu, enkuantu «**N ta kume**» é un fórma nãu realizadu.

c) Vérbu «**sta**», ki é interamenti un vérbu di stadu, el ka ten fórmas nãu realizadu progresivu. Pur izénplu, ta fladu «**N sa-ta kume**», mas ka ta fladu «**N sa-ta sta**».

1.1.2 – **Prezenti di Indikativu** (Fórma Realizadu na Prezenti Resénti)

St.	**Sv.**	**Port.**
dja N sta dja	ja N tâ	já estou
dja bu sta dja	já bo tâ	já estás
dja el sta dja	ja-l tâ	já está
dja nu sta dja	ja no tâ	já estamos
dja nhos sta dja	ja bezote tâ	já estais
dja es sta dja	ja-s tâ	já estão

Obs:

a) Es realizason é poku frekuenti, mas el ta izisti. Ta fladu, pur izénplu: «dja N sta dja ta trabadja manenti».

b) Ku vérbu «kume», es fórma é frekuenti: «dja N kume dja» (*acabo de comer*).

c) Ku vérbu «ser» fórma «dja...dja» ka ta izisti.

1.1.3 – **Prezenti di Indikativu** (Fórma nãu Realizadu Indifinidu Abitual)

St.	**Sv.**	**Port.**
ta stadu	jente ta stóde	está-se

1.1.4 – **Prezenti di Indikativu** (Fórma nãu Realizadu Indifinidu Atual)

St.	**Sv.**	**Port.**
stadu	jente tâ	está-se

Obs:

a) Na purtugês, fórma indifinidu abitual y indifinidu atual ten mésmu realizason.

b) Fórma «**kumedu**» (*come-se*) é pasadu, enkuantu «**stadu**» (*está-se*) é prezenti.

1.2.1 – **Pretéritu Inperfetu di Indikativu** (Fórma realizadu na Pasadu)

St.	**Sv.**	**Port.**
N staba	N tava	estava
bu staba	bo tava	estavas
el staba	el tava	estava
nu staba	no tava	estávamos
nhos staba	bezote tava	estáveis
es staba	es tava	estavam

Obs: Ku vérbu «**kume**», inperfetu di indikativu ta forma ku «**ta...ba**» (**N ta kumeba).** Ku es mésmu vérbu, sigidu apénas di «**ba**» ta indika más-ki-perfetu (N kumeba/*eu tinha comido*).

1.2.2 – **Pretéritu Inperfetu di Indikativu** (Fórma Realizadu Indifinidu na Pasadu)

St.	**Sv.**	**Port.**
stada	jente tava	estava-se

1.3.1 – **Pretéritu Perfetu di Indikativu** (Fórma Realizadu na Pasadu Remotu)

St.	**Sv.**	**Port.**
N stevi	N tive	estive
bu stevi	bo tive	estiveste
el stevi	el tive	esteve
nu stevi	no tive	estivemos
nhos stevi	bezote tive	estivestes
es stevi	es tive	estiveram

Obs:

a) Vogal temátiku ta muda.

b) Ten variantis ménus utilizadu sima: St. «N tevi, bu tevi, el tevi, nu tevi, nhos tevi, es tevi»; na Sv. «**N stive, bo stive, el stive, no stive, bezote stive, es stive**".

1.3.2 - **Pretéritu Perfetu di Indikativu** (Fórma Realizadu Indifinidu na Pasadu)

St.	Sv.	Port.
stada	jente steve	esteve-se

1.4.1 - **Pretéritu Más-ki-Perfetu di Indikativu** (Fórma Realizadu na Pasadu Antirior)

St.	Sv.	Port.
N tinha stadu	N tinha stóde	tinha estado
bu tinha stadu	bo tinha stóde	tinhas estado
el tinha stadu	el tinha stóde	tinha estado
nu tinha stadu	no tinha stóde	tínhamos estado
nhos tinha stadu	bezote tinha stóde	tínheis estado
es tinha stadu	es tinha stóde	tinham estado

1.4.2 - **Pretéritu Más-ki-Perfetu di Indikativu** (Fórma Realizadu Indifinidu na Pasadu Antirior)

St.	Sv.	Port.
algen tinha stadu	jente tinha stóde	tinha-se estado

1.4.3 - **Pretéritu Más-ki-Perfetu di Indikativu** (Fórma Realizadu na Pasadu Antirior Reséenti)

St.	Sv.	Port.
dja N staba dja	N tinha stóde ja	tinha estado já
dja bu staba dja	bo tinha stóde ja	tinhas estado já
dja-l staba dja	el tinha stóde ja	tinha estado já
dja nu staba dja	no tinha stóde ja	tínhamos estado já
dja nhos staba dja	bezote tinha stóde ja	tínheis estado já
dja es staba dja	es tinha stóde ja	tinham estado já

1.5.1 – **Futuru di Indikativu** (Fórma nãu Realizadu Prospetivu)

St.	Sv.	Port.
N ta sta	N ta stóde	estarei
bu ta sta	bo ta stóde	estarás
el ta sta	el ta stóde	estará
nu ta sta	no ta stóde	estaremos
nhos ta sta	bezote ta stóde	estareis
es ta sta	es ta stóde	estarão

1.5.2 – **Futuru Eventual** (Fórma nãu Realizadu Eventual Prospetivu)

St.	Sv.	Port.
N al sta	N a-de stóde	hei de estar
bu al sta	bo a-de stóde	hás de estar
e al sta	el a-de stóde	há de estar
nu al sta	no a-de stóde	havemos de estar
nhos al sta	bezote a-de stóde	haveis de estar
es al sta	es a-de stóde	hão de estar

2. MÓDU KONDISIONAL

2.1 – **Kondisional** (Fórma nãu Realizadu nu Pasadu)

St.	Sv.	Port.
N ta staba	N ta stóde	estaria
bu ta staba	bo ta stóde	estarias
el ta staba	el ta stóde	estaria
nu ta staba	no ta stóde	estaríamos
nhos ta staba	bezote ta stóde	estaríeis
es ta staba	es ta stóde	estariam

Obs: Fórma eventual prugresivu na pasadu ka ta izisti. Na verdadi, ta fladu: «**N al sa-ta kumeba**»; entritantu, ka ta fladu: «**N al sa-ta staba**». Aliás, ninhun di kes otu fórmas progresivu ta izisti ku vérbus ki ta indika stadu. Ten alguns exseson sima, pur izénplu, ku vérbu «**ser**» : «**sa-ta sérba, al sa-ta sérba**».

2.2 - **Kondisional** (Fórma nãu Realizadu Eventual na Pasadu)

St.	**Sv.**	**Port.**
N al staba	N devia stóde	deveria estar
bu al staba	bo devia stóde	deverias estar
e al staba	el devia stóde	deveria estar
nu al staba	no devia stóde	deveríamos estar
nhos al staba	bezote devia stóde	deveríeis estar
es al staba	es devia stóde	deveriam estar

Obs:

a) Tudu koruspondénsia é aprosimadu.

b) Es fórma é poku uzadu, mas el ta izisti. Ta fladu, pur izénplu: : "**bu al staba moku kantu bu fla kel asnera/ bo devia stóde enbriagóde kónde bo dezê kel asnera/** *deverias estar embriagado quando disseste aquela asneira*".

3. MÓDU KONJUNTIVU

3.1 - **Konjuntivu Prezenti** (Fórma Realizadu Subordinadu Atual)

St.	**Sv.**	**Port.**
inbóra...	**enbóra ...**	**embora ...**
N sta	N tâ	esteja
bu sta	bo tâ	estejas
el sta	el tâ	esteja
nu sta	no tâ	estejamos
nhos sta	bezote tâ	estejais
es sta	es tâ	estejam

Obs.: Ku vérbu «kume», strutura ta indika un fórma nãu realizadu. Asi, «**inbóra N kume**» ta signifika: *mesmo que eu coma.*

3.2 – **Inperfetu di Konjuntivu** (Fórma nãu Realizadu Subordinadu na Pasadu)

St.	**Sv.**	**Port.**
inbóra ...	**enbóra ...**	**embora ...**
N staba	N tava	estivesse
bu staba	bo tava	estivesses
el staba	el tava	estivesse
nu staba	no tava	estivéssemos
nhos staba	bezote tava	estivésseis
es staba	es tava	estivessem

Obs:

a) Es strutura pode ten un sentidu nãu realizadu: «**mésmu ki N staba la, N ka ta podeba inpidi géra/mesme ke N tava la, N ka ta podia inpedí gérra**/ *mesmo que eu estivesse lá, não conseguiria impedir a guerra*».

b) Na Sv., ten un varianti ki é: «**enbóra N tivese**». Es fórma ten mésmu realizason ki kel di vérbu «ten»: «**enbóra N tivese la, enbóra N tivese denher**».

3.3 – **Futuru di Konjuntivu** (Fórma nãu Realizadu Subordinadu Prospetivu)

St.	**Sv.**	**Port.**
óki ...	**kónde ...**	**quando ...**
N sta	N tiver	estiver
bu sta	bo tiver	estiveres
el sta	el tiver	estiver
nu sta	no tiver	estivermos
nhos sta	bezote tiver	estiverdes
es sta	es tiver	estiverem

Obs: Na Sv., «**kónde N tiver**» pode signifika, di akordu ku kontestu, «*quando eu estiver*» y «*quando eu tiver*».

4. MÓDU INPERATIVU

St.	Sv.	Port.
sta	tâ	está
nhu sta	bosê tâ	esteja
nu sta	no tâ	estejamos
nhos sta	bezote tâ /bosês tâ	estejais/estejam

Obs: Es fórma-li é nãu realizadu injuntivu.

5. MÓDU INFINITIVU

St.	Sv.	Port.
sta	tâ	estar

Obs: Es é un fórma nãu realizadu intenporal. Fórma infinitivu pode ser pesoal y inpesoal. Fórma inpesoal ta uzadu sobritudu óki sujetu ka ta ben sprésu; fórma pesoal óki sujetu sta sprésu ô, anton, klaramenti identifikável: «**sta na misa ô na badju, pa el, é kel-mê/ tâ na misa ô na bóie, pa el, é igual**»/ *estar na missa ou no baile, para ele é igual*»; «**pa bu sta la na óra, bu ten ki bai sédu/ pa bo stóde la na óra, bo ten ki partí sede**» / *para chegares a tempo, tens que partir cedo.*

6. PARTISÍPIU

St.	Sv.	Port.
P. prezenti: standu P. pasadu: stadu	stónde stóde	estando estado

VÉRBU "TEN"

Lison 30º

1. MÓDU INDIKATIVU

1.1.1 – **Prezenti di indikativu** (Fórma Realizadu Atual)

St.	**Sv.**	**Port.**
N ten	N ten	tenho
bu ten	bo ten	tens
el ten	el ten	tem
nu ten	no ten	temos
nhos ten	bezote ten	tendes
es ten	es ten	têm

1.1.2 – **Prezenti di Indikativu** (Fórma Realizadu na Prezenti Reséntі)

St.	**Sv.**	**Port.**
dja N ten dja	N kabá de ten	acabo de ter
dja bu ten dja	bo kabá de ten	acabas de ter
dja el ten dja	el kabá de ten	acaba de ter
dja nu ten dja	no kabá de ten	acabamos de ter
dja nhos ten dja	bezote kabá de ten	acabais de ter
dja es ten dja	es kabá de ten	acabam de ter

Obs:

a) Tudu koruspondénsia é aprosimadu.

b) Na diterminadus kontestu, fórma realizadu na prezenti reséntі é: «**N ten tidu/ N ten tide**/*tenho tido…*».

1.1.3 - **Indikativu Prezenti** (Fórma nãu Realizadu Progresivu Atual)

St.	Sv.	Port.
N sa-ta ten	N ti ta ten	estou a ter
bu sa-ta ten	bo ti ta ten	estás a ter
el sa-ta ten	el ti ta ten	está a ter
nu sa-ta ten	no ti ta ten	estamos a ter
nhos sa-ta ten	bezote ti ta ten	estais a ter
es sa-ta ten	es ti ta ten	estão a ter

1.1.4 - **Indikativu Prezenti** (Fórma nãu Realizadu Indifinidu Atual)

St.	Sv.	Port.
ta tendu	jente ta ten	tem-se

1.1.5 - **Indikativu Prezenti** (Fórma nãu Realizadu Indifinidu Progresivu)

St.	Sv.	Port.
sa-ta tendu	es ti ta ten	está-se a ter

1.1.6 - **Indikativu Prezenti** (Fórma nãu Realizadu Eventual)

St.	Sv.	Port.
al tendu	es devê ten	hão de ter

1.1.7 - **Indikativu Prezenti** (Fórma nãu Realizadu Eventual Progresivu)

St.	Sv.	Port.
al sa-ta tendu	es devê stóde ta ten	deve-se estar a ter

1.2 – **Pretéritu Inperfetu di Indikativu** (Fórma Realizadu na Pasadu)

St.	**Sv.**	**Port.**
N tenba	N tinha	tinha
bu tenba	bo tinha	tinhas
el tenba	el tinha	tinha
nu tenba	no tinha	tínhamos
nhos tenba	bezote tinha	tínheis
es tenba	es tinha	tinham

Obs:

a) Na Sv. y na Port., vogal temátiku ta muda

b) Ku vérbu di movimentu, sima «kume», inperfetu di indikativu é un fórma nãu realizadu y si strutura é «**ta...ba/tava Ø** : «**N ta kumeba/ N tava kemê**» / *eu comia.*

1.3 – **Pretéritu Perfetu di Indikativu** (Fórma Realizadu na Pasadu Remotu)

St.	**Sv.**	**Port.**
N tevi	N tive	tive
bu tevi	bo tive	tiveste
el tevi	el tive	teve
nu tevi	no tive	tivemos
nhos tevi	bezote tive	tivestes
es tevi	es tive	tiveram

1.4 – **Pretéritu Más-Ki-Perfetu di Indikativu** (Fórma Realizadu na Pasadu Antirior)

St.	**Sv.**	**Port.**
dja N tenba dja	N tinha tide ja	tinha tido já
dja bu tenba dja	bo tinha tide ja	tinhas tido já
dja el tenba dja	el tinha tide ja	tinha tido já
dja nu tenba dja	no tinha tide ja	tínhamos tido já
dja nhos tenba dja	bezote tinha tide ja	tínheis tido já
dja es tenba dja	es tinha tide ja	tinham tido já

Obs: Na St., ten, tanbe, realizason akroletal: «**N tinha tidu ja**»

1.5.1 – **Futuru di Indikativu** (Fórma nãu Realizadu Prospetivu)

St.	**Sv.**	**Port.**
N ta ten	N ta ten	terei
bu ta ten	bo ta ten	terás
el ta ten	el ta ten	terá
nu ta ten	no ta ten	teremos
nhos ta ten	bezote ta ten	tereis
es ta ten	es ta ten	terão

Obs:

a) Li, strutura é igual ku kel di vérbu «**kume**» (**N ta kume/N ta kemê/*comerei***).

b) Ku vérbu «**kume**», inda, futuru di indikativu ten mésmu strutura y morfolojia di indikativu prezenti. Ku vérbu «**ten**» ka ten koruspondénsia strutural entri es dos ténpu: «**N ten/*eu tenho*; N ta ten/*eu terei***».

1.5.2 - **Futuru di Indikativu** (Fórma Eventual Prospetivu)

St.	**Sv.**	**Port.**
N al ten	N a-de ten	hei de ter
bu al ten	bu a-de ten	hás de ter
e al ten	el a-de ten	há de ter
nu al ten	no a-de ten	havemos de ter
nhos al ten	bezote a-de ten	haveis de ter
es al ten	es a-de ten	hão de ter

Obs: Strutura é igual ku kel di «**kume**» (**N al kume/ N a-de kemê**, *hei de comer*).

2. MÓDU KONDISIONAL

2.1 - **Kondisional** (Fórma nãu Realizadu na Pasadu)

St.	**Sv.**	**Port.**
N ta tenba	N tava ten	teria
bu ta tenba	bu tava ten	terias
el ta tenba	el tava ten	teria
nu ta tenba	no tava ten	teríamos
nhos ta tenba	bezote tava ten	teríeis
es ta tenba	es tava ten	teriam

Obs: Li tanbe, strutura é igual ku kel di vérbu «**kume**» (**N ta kumeba/N tava kemê**/*comeria*).

2.2 - **Kondisional** (Fórma Eventual Progresivu na Pasadu)

St.	**Sv.**	**Port.**
N al sa-ta tenba	N devia stóde ta ten	deveria estar a ter
bu al sa-ta tenba	bo devia stóde ta ten	deverias estar a ter
e al sa-ta tenba	el devia stóde ta ten	deveria estar a ter
nu al sa-ta tenba	no devia stóde ta ten	deveríamos estar a ter
nhos al sa-ta tenba	bezote devia stóde ta ten	deveríeis estar a ter
es al sa-ta tenba	es devia stóde ta ten	deveriam estar a ter

Obs: Strutura ta konfundi ku kel di vérbu «**kume**» (**N al sa-ta kumeba/N devia stóde ta kemê**/*deveria estar a comer*).

2.3 - **Kondisional** (Fórma Eventual Progresivu Indifinidu na pasadu)

St.	**Sv.**	**Port.**
al sa-ta tenda	jente devia stóde ta ten	se deveria estar a ter

2.4 - **Kondisional** (Fórma Eventual na Pasadu)

St.	**Sv.**	**Port.**
N al tenba	N devia ten	deveria ter
bu al tenba	bo devia ten	deverias ter
e al tenba	el devia ten	deveria ter
nu al tenba	no devia ten	deveríamos ter
nhos al tenba	bezote devia ten	deveríeis ter
es al tenba	es devia ten	deveriam ter

Obs: Es strutura é poku uzadu, mas el ta izisti: «**e al tenba vergonha na róstu si es kusa kontiseba**» / **el devia ter vergonha na kara se es koza tava kuntesê**/*devia ter vergonha na cara caso isto tivesse acontecido*).

3. MÓDU KONJUNTIVU

3.1 - **Konjuntivu Prezenti** (Fórma Realizadu Subordinadu Atual)

St.	**Sv.**	**Port.**
inbóra ...	**enbóra ...**	**embora ...**
N ten	N ten	tenha
bu ten	bo ten	tenhas
el ten	el ten	tenha
nu ten	no ten	tenhamos
nhos ten	bezote ten	tenhais
es ten	es ten	tenham

Obs. Ku vérbus di movimentu sima «**kume**», es strutura morfolójiku é un fórma nãu realizadu. Entritantu, ku vérbus ki ta indika stadu, es mésmu strutura ta raprizenta un fórma realizadu.

3.2 – **Inperfetu di Konjuntivu** (Fórma Realizadu Subordinadu na Pasadu)

St.	Sv.	Port.
inbóra ...	**enbóra ...**	**embora ...**
N tenba	N tivese	tivesse
bu tenba	bo tivese	tivesses
el tenba	el tivese	tivesse
nu tenba	no tivese	tivéssemos
nhos tenba	bezote tivese	tivésseis
es tenba	es tivese	tivessem

Obs: Ku vérbus di movimentu sima «**kume**», es strutura morfolójiku ta indika un fórma nãu realizadu.

3.3 – **Futuru di Konjuntivu** (Fórma nãu Realizadu Subordinadu Prospetivu)

St.	Sv.	Port.
óki ...	**kónde ...**	**quando ...**
N ten	N tiver	tiver
bu ten	bo tiver	tiveres
el ten	el tiver	tiver
nu ten	no tiver	tivermos
nhos ten	bezote tiver	tiverdes
es ten	es tiver	tiverem

4. MÓDU INPERATIVU

St.	Sv.	Port.
ten	ten	tem
nhu ten/nha ten	bosê ten	tenha
nu ten	no ten	tenhamos
nhos ten	bezote ten/bosês ten	tende/tenham

Obs: É un fórma nãu realizadu injuntivu.

5. MÓDU INFINITIVU

St.	Sv.	Port.
ter/ten	ter/ten	ter

Obs: É un fórma nãu realizadu intenporal.

6. PARTISÍPIU

St.	Sv.	Port.
P. prezenti: tendu	tende	tendo
P. pasadu: tidu	tide	tido

VÉRBU "TENE"[25]

Lison 31º

1. MÓDU INDIKATIVU

1.1.1 – **Prezenti di Indikativu** (Fórma Realizadu Atual)

St.	**Sv.**	**Port.**
N tene	N tâ ke	tenho /estou com
bu tene	bo tâ ke	tens
el tene	el tâ ke	tem
nu tene	no tâ ke	temos
nhos tene	bezote tâ ke	tendes
es tene	es tâ ke	têm

1.1.2 – **Prezenti di Indikativu** (Fórma Realizadu na Prezenti Resénti)

St.	**Sv.**	**Port.**
dja N tene dja	ja N tâ ke	já tenho/ já estou com
dja bu tene dja	ja bo tâ ke	já tens
dja el tene dja	ja el tâ ke	já tem
dja nu tene dja	ja no tâ ke	já temos
dja nhos tene dja	ja bezote tâ ke	já tendes
dja es tene dja	ja es tâ ke	já têm

Obs: Nalguns kontestu, nu pode nkontra realizasons sima «**N ten tidu/N ten tide/** *tenho tido*».

[25] Enkuantu «**ten**» signifika «**ter**» di fórma permanenti, «**tene**» signifika «**ter**» di fórma transitóriu.

1.1.3 - **Indikativu Prezenti** (Fórma nãu Realizadu Progresivu Atual)

St: N sa-ta tene, bu sa-ta tene, el sa-ta tene, nu sa-ta tene, nhos sa-ta tene, es sa-ta tene.

Obs: Vérbus ki ta indika stadu, normalmenti, ka ten fórmas progresivu. Ku vérbu «**tene**» es fórma ta izisti, mas vérbu ta muda di sentidu. Asi, «**bu sa-ta tene-nu ku konbérsu**» ta signifika «*estais a prender-nos (ou a atrasar-nos) com o teu paleio*».

1.1.4 - **Indikativu Prezenti** (Fórma nãu Realizadu Indifinidu Abitual)

St.	**Sv.**	**Port.**
ta tenedu	jente devê stóde ke	deve-se estar com

1.1.5 - **Indikativu Prezenti** (Fórma nãu Realizadu Indifinidu Atual)

St.	**Sv.**	**Port.**
tenedu	jente tâ ke	está-se com

1.1.6 - **Indikativu Prezenti** (Fórma nãu Realizadu Eventual)

St.	**Sv.**	**Port.**
al tenedu	jente devê stóde ke	deve-se estar com

Obs: Na Sv. y en Port., realizasons di 1.1.3 y di 1.1.5 é igual.

1.2 - **Pretéritu Inperfetu di Indikativu** (Fórma Realizadu na Pasadu)

St.	**Sv.**	**Port.**
N teneba	N tava ke	tinha / estava com
bu teneba	bo tava ke	tinhas
el teneba	el tava ke	tinha
nu teneba	no tava ke	tínhamos
nhos teneba	bezote tava ke	tínheis
es teneba	es tava ke	tinham

1.3 - **Pretéritu Perfetu di Indikativu** (Fórma Realizadu na Pasadu Remotu)

Obs: Es fórma ka ta izisti ku vérbu «**tene**». Y óki si uzu é absolutamenti nisisáriu, si morfolojia ta konfundi ku «**fórma realizadu na pasadu**», ndému, na inperfetu di indikativu.

1.4 - **Pretéritu Más-Ki-Perfetu di Indikativu** (Fórma Realizadu na Pasadu Antirior)

St.	**Sv.**	**Port.**
dja N teneba dja	ja N tava ke	já estava com
dja bu teneba dja	ja bo tava ke	já estavas com
dja el teneba dja	ja el tava ke	já estava com
dja nu teneba dja	ja no tava ke	já estávamos com
dja nhos teneba	ja bezote tava ke	já estáveis com
dja es teneba dja	ja es tava ke	já estavam com

Obs:

a) Na Sv. y en Port., pode uzadu, tanbe, «**ja N tinha**/*já tinha*». Es morfolojia ta konfundi ku kel di vérbu «**ter**» sen topikalizason tenporal «**ja**».

b) Na alguns kontestu akroletal é pusível nu atxa «**N tinha tidu**» na St., «**N tinha tide**» en Sv. Iz: **El tinha tidu txeu fébri y el ka podeba labanta/ el tinha tide txeu febre y el ka tava podê levantá**»; Port. *tinha tido muita febre e não podia levantar-se.*

1.5.1 - **Futuru di Indikativu** (Fórma nãu Realizadu Prospetivu)

St.	**Sv.**	**Port.**
N ta tene	N ta stóde ke	estarei com
bu ta tene	bo ta stóde ke	estarás com
el ta tene	el ta stóde ke	estará com
nu ta tene	no ta stóde ke	estaremos com
nhos ta tene	bezote ta stóde ke	estareis com
es ta tene	es ta stóde ke	estarão com

1.5.2 - **Futuru di Indikativu** (Fórma Eventual Prospetivu)

St.	Sv.	Port.
N al tene	N devê stóde ke	devo ter
bu al tene	bo devê stóde ke	deves ter
e al tene	el devê stóde ke	deve ter
nu al tene	no devê stóde ke	devemos ter
nhos al tene	bezote devê stóde ke	deveis ter
es al tene	es devê stóde ke	devem ter

2. MÓDU KONDISIONAL

2.1 - **Kondisional** (Fórma nãu Realizadu na Pasadu)

St.	Sv.	Port.
N ta teneba	N tava stóde ke	estaria com
bu ta teneba	bo tava stóde ke	estarias com
el ta teneba	el tava stóde ke	estaria com
nu ta teneba	no tava stóde ke	estaríamos com
nhos ta teneba	bezote tava stóde ke	estaríeis com
es ta teneba	es tava stóde ke	estariam com

2.2 - **Kondisional** (Fórma Eventual Progresivu na Pasadu)

Obs: Sima dja sta fladu, fórmas prugresivu ka ta izisti ku vérbus ki ta indika stadu. Entritantu, ta parse ma sistéma ka ta rakuza fórma «N al sa-ta teneba».

Iz:

St.	Sv.	Port.
sen sabe, N al sa teneba fébri tudu noti	sen sabê, N devia stóde ta pasá ke febre tude note	sem saber, provavelmente, deveria estar a sentir febre todas as noites

3. MÓDU KONJUNTIVU

3.1 – **Konjuntivu Prezenti** (Fórma realizadu Subordinadu Atual)

St.	**Sv.**	**Port.**
inbóra ...	**enbóra ...**	**embora ...**
N tene	N tâ ke	tenha /esteja com
bu tene	bo tâ ke	tenhas
el tene	el tâ ke	tenha
nu tene	no tâ ke	tenhamos
nhos tene	bezote tâ ke	tenhais
es tene	es tâ ke	tenham

3.2 – **Inperfetu di Konjuntivu** (Fórma Realizadu Subordinadu na Pasadu)

St.	**Sv.**	**Port.**
inbóra ...	**enbóra ...**	**embora ...**
N teneba	N tava ke	estivesse com
bu teneba	bo tava ke	estivesses com
el teneba	el tava ke	estivesse com
nu teneba	no tava ke	estivéssemos com
nhos teneba	bezote tava ke	estivésseis com
es teneba	es tava ke	estivessem com

Obs: Na Sv., pode izisti realizason «enbóra N tivese…».

3.3 – **Futuru di Konjuntivu** (Fórma nãu Realizadu Subordinadu Prospetivu)

St.	Sv.	Port.
óki ...	**kónde ...**	**quando ...**
N tene	N tâ ke	estiver com
bu tene	bo tâ ke	estiveres com
el tene	el tâ ke	estiver com
nu tene	no tâ ke	estivermos com
nhos tene	bezote tâ ke	estiverdes com
es tene	es tâ ke	estiverem com

Obs: Na Sv., ta izisti varianti «kónde N tiver ke ...».

4. MÓDU INPERATIVU

Inperativu ô fórma nãu realizadu injuntivu so el ta izisti óki «**tene**» ten sentidu diferenti di «**posui di fórma transitóriu**». Pur izénplu, óki el ta signifika «**atraza**» (**tene algen ku konbérsu**); óki el ta signifika «**prende**» ô «**sugura**» (**tene boi na kórda**).

St.	Sv.	Port.
tene nhu tene, nha tene nu tene, nhos tene	(ka ta izisti na Sv.)	(ka ta izisti na Port.)

5. MÓDU INFINITIVU

El ta izisti apénas óki vérbu «**tene**» ten sentidu di «**atraza**», di «**sugura**» ô di «**prende**» y apénas na Santiagu : «**tene**».

6. PARTISÍPIU

Ku es vérbu, fórma di partisípiu ka ta izisti.

VÉRBUS PRINSIPAL Y OSILIAR
Lison 32º

32.1 - **Vérbus Prinsipal**

É kes vérbu ki, otonumamenti, ta dizinpenha funson predikativu. Es é txeu ki ta entra na es katigoria:

St.	**Sv.**	**Port.**
kume	kemê	comer
pâpia	falá	falar
kre	krê	querer
sabe	sabê	saber

Na verdadi, vérbus sima kes-li ka meste osíliu di otus vérbu pa dizinpenha funson predikativu (ndému: atribuison di propriedadi pa sujetu).

Iz:

St.	**Sv.**	**Port.**
N kume karni	N kemê kar	comi carne
el pâpia ku mi	el falá ke mi	falou comigo
N kre-bu txeu	N krê-be txeu	gosto muito de ti

32.2 - **Vérbus Osiliar**

É kes ki, otonumamenti, ka ta prenxe funson predikativu; es meste kolaborason di otus vérbu ô di un konjuntu nominal. Kes más frekuenti é:

St.	**Sv.**	**Port.**
ten	ten	ter
sta	tâ	estar
ser	ser	ser
ben	ben	vir
anda	andá	andar
bai	bá	ir

Iz:

St.	**Sv.**	**Port.**
N **ten** kumidu	N ten kemide	tenho comido
N **sta** grabadu-l bo	N tâ zangóde ke bo	estou zangado contigo
bu **anda** ta kume na trabadju	bo andá ta kemê na trabóie	andaste a comer no trabalho
el **ben** trabadja	el ben trabaiá	veio trabalhar

Obs: Vérbus osiliar rafiridu, dipariba, ku exseson di «**sta**» y di «**ser**», es pode ser prinsipal, óki es so, es ta dizinpenha funson predikativu: «**el anda duranti tudu noti/el andá durante note inter**/*andou durante toda a noite*».

VÉRBUS DEFETIVU, ATIVU Y PASIVU DI KONJUGASON RASÍPROKU Y RAFLÉKSU

Lison 33°

33.1 - **Vérbus Defetivu**

É kes ki ten algun difisiénsia na konjugason; es ka ten un ô otu pesoa, un ô otu aspétu, ténpu ô módu. Es pode sta agrupadu di siginti manera:

33.1.1 - **Kes ki Ten So 3° Pesoa di Singular**

St.	**Sv.**	**Port.**
sa-ta txobe	ti ta txuvê	chove
sa-ta txobeba	tava ta txuvê	chovia
ta txobe	ta txuvê	choverá

33.1.2 - **Kes ki so ta Konjuga na 3° Pesoa di Singular y di Plural**

St.	**Sv.**	**Port.**
el ta ladra	el ta ladrá	ladra
es ta ladra	es ta ladrá	ladram
el ta sura	el ti ta zurrá	está a zurrar
es ta sura	es ti ta zurrá	estão a zurrar

33.1.3 - **Kes ki ka Ten Tudu Fórmas Aspetual**

Ta fase párti di es kategoria kes vérbu ki ta indika «stadu» y ki ka ten fórmas progresivu.

Iz: «**sabe/sabê/***saber*; **sta/tâ/***estar*; **tene/tâ ke/***estar com*»

33.2 - **Vérbus Ativu y pasivu**[26]

Un vérbu é ativu óki si ajenti é atuanti y é pasivu óki si ajenti é pasienti.

St.		Sv.		Port.	
ativu	**pasivu**	**ativu**	**pasivu**	**ativu**	**pasivu**
N skrebe un livru	un livre skrebedu pa mi; un livru ki mi ki skrebe	N skrevê un livre	un livre skrite pa mi; un livre ke mi ke skrevê	escrevi um livro	um livro escrito por mim

33.3 - **Konjugason Rasíproku**

Poku vérbus ta adimiti konjugason rasíproku. El e ta realiza através di munéma «kunpanheru», (na Santiagu) y «kunpanher», na S. Visenti):

St.	Sv.	Port.
es kunprimenta kunpanheru	es kunprimentá kunpanher	cumprimentaram-se

Ta izisti un otu strutura pa konjugason rasíproku: **ajenti+ku+ajenti 2+es+vérbu**, na Santiagu; **ajenti+ma+ajenti 2+es+vérbu**, na S. Visenti.

Iz:

St.	Sv.	Port.
Pedru ku Palu es nbrasa	Pedre ma Paule es abrasá	Pedro e Paulo abraçaram-se

33.4 - **Konjugason rafléksu** (kf. análizi ki ta ben na Lison 43º).

[26] Konfiri, tanbe, Lison 43º sobri «Vós».

VERBUS TRANZITIVU Y INTRANZITIVU

Lison 34º

34.1 - **Tranzitivus**

É kes vérbu ki meste un konplementu dirétu ô indirétu pa konpleta-s sentidu:

St.	Sv.	Port.
kume	kemê	comer
odja	oiá	olhar
da	dá	dar
skrebe	skrevê	escrever

Iz:

St.	Sv.	Port.
N kume katxupa	N kemê katxupa	comi cachupa
N kume katxupa ku kudjer	N kemê katxupa ke kedjer	comi cachupa com a colher

34.2 - **Intranzitivus**

É kes vérbu ki ka meste ninhun konplementu pa konpleta-s sentidu:

St.	Sv.	Port.
durmi	durmí	dormir
korda	kordá	acordar
kóre	korrê	correr
txora	txorá	chorar

Iz:

St.	Sv.	Port.
N durmi, N korda, N kóre pa si kasa y N atxa-l ta txora	N durmí, N kordá, N korrê pa se kaza y N atxa-l ta txorá	dormi, acordei, corri para a sua casa e encontrei-a a chorar

ADIVÉRBIUS
Lison 35º

Si adijetivu é un modifikador nominal, adivérbiu, el, é un modifikador verbal. Di akordu ku ses naturéza, ten adivérbius di negason, di afirmason, di dúvida, di skluzon, di kuantidadi, di lugar, di módu, di ténpu, di dizignason.

35.1 - **Adivérbius de negason**

St.	Sv.	Port.
non, nãu, nau, ná, nin, nen, ka, nunka, tioxi, sen	nãu, nen, ka, nunka, sen	não, nem, nunka, sem

Iz:

St.	Sv.	Port.
tioxi N ka raprova	nunka N ka raprová	nunca reprovei

35.2 - **Adivérbius di afirmason**

St.	Sv.	Port.
sin, aian, sértu, sertamenti, sértu-mê, rialmenti, divéra, disisu	sin, sertamente, realmente, devéra	sim, certamente, realmente

Iz:

St.	Sv.	Port.
Sértu bu sa-ta ngana-m! – É divéra. Nha purgunta nha mai si é ka sértu-mê, y nha ta odja m'é disisu-mê.	Sertamente bo ti ta ngana-m! - É devéra. Bosê perguntá nha mãi se n'é devéra y bosê ta oiá m'é devéra.	Certamente estás a enganar-me! - É verdade. Pergunte à minha mãe se não é verdade e verá que é mesmo verdade.

35.3 – **Adivérbius di dúvida**

St.	Sv.	Port.
talbês, talvês, manbá, provavelmenti, posivelmenti, nansê	talvês, provavelmente, posivelmente	talvez, provavelmente, possivelmente

Iz:

St.	Sv.	Port.
manbá bu sta duenti?	talvês bo tâ duente!	será que estás doente?

35.4 – **Adivérbius di skluzon y di inkluzon**

St.	Sv.	Port.
so, txaskan, sinon, apénas	so, senãu, apénas	só, senão, apenas

Iz:

St.	Sv.	Port.
N tene txaskan dos kontu	N tâ so ke dos konte	Tenho apenas dois mil escudos

35.5 – **Adivérbius di kuantidadi**

St.	Sv.	Port.
mutu, muitu, txeu, poku, más, ménus, tantu, bastanti, nada, kuazi nada, má-xé	mute, txeu, poke, más, menes, tónte, bastante, nada, kuaze nada	muito, pouco, mais, menos, tanto, bastante, nada, quase nada

Iz:

St.	Sv.	Port.
gósi, N tene txeu dinheru	grinhasin, N tâ ke txeu denher	presentemente, estou com muito dinheiro

35.6 – **Adivérbius di lugar**

St.	Sv.	Port.
li, ali, lisin, lasin, baxu, riba, trás, déntu, fóra, lonji, pértu, undi, djuntu	li, ali, aí, lisin, debóxe, deriba, diante, fóra, lonje, perte, ondê, junte	aqui, aí, lá, abaixo, acima, em baixo, em cima, diante, atrás, dentro, fora, longe, perto, onde, junto

Iz:

St.	Sv.	Port.
el staba lisin si, baxu di es mésa, riba di un balai, trás di pórta, djuntu kunda	el tava lisin, debóxe de méza, deriba de un balóie, trás de pórta, junte de un bandeja	estava mesmo aqui, debaixo desta mesa, em cima de um balaio, atrás da porta, ao lado de uma bandeja

35.7 – **Adivérbius di módu**

St.	**Sv.**	**Port.**
ben, dretu, midjór, piór, mal, mariadu, diprésa, faxi, divagar, sábi, kasábi, fédi, margós	ben, drete, amedjor, pior, mal, marióde, deprésa, rápede, devagar, sábe, kasábe, mafe, margose	bem, melhor, pior, mal, depressa, rápido, devagar, saboroso, desagradável, fétido, amargo

Iz:

St.	**Sv.**	**Port.**
oji, N sta dretu, ónti N staba mariadu, manhan N ta sta midjór	aoje N tâ drete, aonte N tava marióde, manhan N ta stóde medjor	hoje estou bem, ontem estava mal, amanhã estarei melhor

35.8 – **Adivérbius di Ténpu**

St.	**Sv.**	**Port.**
gó, agó, góra, oji, ónti, ontordia, gósi, (gósi li), inda, nton, anton, lógu, antis, dipôs, sédu, tardi, dja, dja dura manhan, sénpri, (bédju na ténpu), kaoxi, nunka, tioxi, kandu, kuandu, (un bes)	gó, agó, agóra, aoje, aonte, gosturdia, grinhasin, inda, ainda, entãu, anton, loge, antes, depôs, sede, tarde, ja, diazá, manhan, senpre, diazá, nunka, kónde, kondê, (un ves)	agora, hoje, ontem, anteontem, (mesmo agora), ainda, então, logo, antes, depois, cedo, tarde, já, (há muito) amanhã, sempre, há muito, nunca, quando, outrora, (uma vez).

Iz:

St.	**Sv.**	**Port.**
ontordia es pâpia na bo, mas gósi li N ka sa-ta kontaba ku bo	gosturdia es falá-me na bo, ma grinhasin N ka tava ta kontá ke bo	há dias falaram-me de ti, mas neste instante não estava a contar contigo

35.9 – **Adivérbius di Dizignason**

St.	Sv.	Port.
ali, ale	ali, oli, uli	eis

Iz:

St.	Sv.	Port.
ale-bu nha fidju matxu, ali-m, lisin, ta spera-bu	oli-be nha fidje mótxe, uli-me, lisin, ta speró-be	eis que chegou o meu filho, eis-me, aqui, à tua espera

KONJUNSONS
Lison 36º

Konjunson é un vokablu invariável ô munéma gramatikal ki ta fase ligason di orason ô di sintagmas. Es ten nómi di konjunson kordenativu óki es ta liga dos orason ô sintagma ku mésmu funson gramatikal; óki es ta fase ligason entri orasons undi un ta konpleta sentidu di otu, es ta toma nómi di konjunson subordinativu.

36.1 – **Konjunsons Kordenativu**

Es pode ser kopulativu ô aditivu, dijuntivu, ô alternativu, adiversativu y konkluzivu.

36.1.1 – **Kopulativus**

É kes ki ta fase ligason di dos orason ô sintagma.

St.	**Sv.**	**Port.**
y, ku, nen, tanbe, amás, ka so ... mas tanbe	y, ma, nen, tanbê, ka so ... mas tanbê	e, com, nem, também, não só ... mas também

Iz:

St.	**Sv.**	**Port.**
Mi ku bo nu kre studa. Pur isu, nu ta fika li oji amás manhan y nu ta bai otramanhan.	Mi ma bo no krê studá. Pur ise, no ta feká li aoje y manhan y no ta bá depôs de manhan.	Eu e tu queremos estudar. Por isso, ficamos aqui hoje e amanhã e só iremos depois de amanhã.

36.1.2 - **Dijuntivus**

Es ta stabilise un ralason di alternánsia.

St.	Sv.	Port.
ô ... ô, óra ... óra, kér...kér, sikrê ... sikrê	ô ... ô, óra ... óra, ker ... ker	ou ... ou, ora ... ora, quer ... quer

Iz:

St.	Sv.	Port.
O mi ô bo ta baba pa kanpu, óra di buru, óra di kabalu, sikrê sta friu, sikrê sta kalor.	Ô mi ô bo tava bá pa kónpe, óra de burre, óra de kavol, ker stóde ke friu, ker stóde ke kalor.	Um de nós ia ao campo, ora de burro, ora de cavalo, quer fizesse frio, quer fizesse calor.

36.1.3 - **Adiversativus**

Es ta stabilise un ralason di kontrasti.

St.	Sv.	Port.
mas, má, porén, kontudu, entritantu	mas, má, porén, kontude, entretante	mas, porém, contudo, entretanto

Iz:

St.	Sv.	Port.
El toma ramedi, mas e ka midjora	El temá ramede, má el ka medjorá	Medicamentou-se, mas não se sentiu melhor

36.1.4 - **Konkluzivus**

Esta stabilise un ralason di konsekuénsia.

St.	Sv.	Port.
lógu, pos, apôs, anpôs, purtantu, pur isu, asi, konsekuentimenti	loge, pos, apôs, purtante, pur ise, asin, konsekuentemente	logo, pois, portanto, por isso, assim, consequentemente

Iz:

St.	Sv.	Port.
Bu ka kridita, anpôs é verdadi. E da-l ku pédra na kabésa, pur isu el ka sta na getu y asi el ka pode bai skóla oji.	Bo ka kreditá, apôs é devéra. El dá-l ke pédra na kabésa, pur ise el ka feká en kondisons y asin el ka podê bá pa skóla aoje.	Não acreditaste, mas é verdade. Atirou-lhe uma pedra na cabeça, por isso não ficou em condições e assim não vai poder ir à escola hoje.

36.2 – **Konjunsons Subordinativus**[27]

36.2.1 – **Kauzal**

Kes ki ta marka un ralason di kauza.

St.	Sv.	Port.
pamodi, purkê, parabia, un bes ki, dja ki, vistu ki, komu, pabia, pur kauza/ kazu di, trokadu	pamode, purkê, uma ves ke, ja ke, viste ke, kome, pur kauza de	porque, uma vez que, já que, visto que, como, por causa de

Iz:

St.	Sv.	Port.
"Pamodi Maria, N ta bende boi N ta paga"; dja ki el é nha kretxeu y, un bes ki nu ta ama kunpanheru, N ta farta-l tudu vontadi.	"Pamode Maria, N ta vendê nha boi N ta pagá"; ja ke el é nha kretxeu y, kome no ta amá kunpanher, N ta satisfazê tude se vontade.	"Por Maria, vendo o meu boi e pago"; já que se trata da minha namorada, e, como nós nos amamos, faço-lhe todas as vontades.

[27] Fórmas ki ta integra más ki un vokablu, óki ki es ta funsiona komu un unidadi semántiku, es pode ser konsideradu, tanbe, lokuson konjuntivu: un bes ki, si ben ki...

36.2.2 - **Final**

Es ta stabilise un ralason di finalidadi.

St.	Sv.	Port.
pa, afin di, pakê	pa, afin de, pakê	para que, a fim de, para quê

Iz:

St.	Sv.	Port.
N ben pa N sabe pakê el manda txoma-m	N ben pa N sabê pakê k'el mandá txemá-me	vim para saber para quê mandou-me chamar

36.2.3 - **Konsesivus**

Es ta marka un ralason di konseson.

St.	Sv.	Port.
sikrê, inbóra, inda ki, mésmu ki, si ben ki, nin ki, apezar di, pa más ki, tirmódi, tudumodi	enbóra, inda ke, mesme ke, nen ke, apezar de, pa más ke, tude manera	embora, ainda que, mesmo que, nem que, apesar de, por mais que, de todo o modo

Iz:

St.	Sv.	Port.
Inbóra N sabe ma bu ka ta fika-m kontenti, N ka ta basta-u vontadi, nin ki bu pidi-m ku duedju finkadu na txon.	Enbóra N sabê ma bo ka ta feká-me kontente, N ka ta podê respeitá bo vontade nen ke bo pedí-me de juei na txon	Embora saiba que não me ficarás contente, não te faço as vontades nem que me peças de joelhos no chão

36.2.4 - **Konsekutivus**

Es ta marka un konsekuénsia.

St.	Sv.	Port.
di fórma ki, di manera ki, di módu ki, ki (konbinadu ku "tal, ton, tantu, di tal manera")	de fórma ke, de manera ke, de mode ke, ke (konbinóde ke "tal, tãu, tónte, de tal manera")	de forma que, de maneira que, de modo que (combinado com tal, tão, tanto, de tal maneira que)

Iz:

St.	Sv.	Port.
Djon staba di tal manera raboitadu ku si xéfi ki el razolve rafonha ku el abertamenti.	Djon tava de tal manera revoltóde ke se xefe k'el razolvê petá-l un skrépa.	João estava de tal maneira revoltado com o seu chefe que resolveu dar-lhe uma reprimenda.

36.2.5 - **Kondisional**

El ta marka un kondison.

St.	Sv.	Port.
si, kazu, sen ki, kontantu ki, salvu si, dadu ki, anonser ki, désdi ki, aménus ki	se, kóze, sen ke, kontónte ke, salve se, dóde ke, a-nãu-ser ke, desde ke, a menes ke	se, caso, sem que, contanto que, salvo se, dado que, a não ser que, desde que, a menos que

Iz:

St.	Sv.	Port.
Si ka txobe ka ten katxupa, anonser ki inportadu midju.	Se txuva ka kaí, ka ten katxupa, a-nãu-ser ke inportóde midje.	Se não chover, não há cachupa, a não ser que o milho seja importado.

36.2.6 – **Konparativus**

Es ta marka un ralason di konparason.

St.	Sv.	Port.
sima, suma, kuma, talikual, sugundu, konfórmi, ki, di ki (óki presedidus di "más, ménus, más, más grandi, más pikinóti, más tamanhu, midjór, piór")	sima, kemá, manera ke, talikual, móda, segunde, konforme, ke, de ke, kuónte	como, assim como, qual (depois de tal), segundo, conforme, que, de que, quanto

Iz:

St.	Sv.	Port.
Kusas sta talikual, na mésma, sima antis. Apénas ténpu di azágua dja bira más kurtu ki sima un bes, sugundu gentis grandi sa-ta fla.	Tude tâ na mesma, móda antes. So tenpe d'azágua vrá más kurte ke sima un ves, móda jente más bedje ti ta dezê.	Tudo está na mesma, como antes. Apenas o tempo de "as-águas" ficou mais curto que outrora, segundo dizem os mais velhos.

36.2.7 – **Tenporal**

El ta marka un ralason di ténpu.

St.	Sv.	Port.
óki, tóki, kandu, timenti, enkuantu, lógu ki, dipôs ki, ti ki, sénpri ki, sin ki, désdi ki, antis di, duranti, tudu bes ki, kada bes ki, apénas	óra ke, kónde, enkuante, loge ke, depôs ke, te ke, senpre ke, asin ke, des ke, antes de, durante, tude ves ke, kada ves ke, apénas	quando, enquanto, logo que, depois que, até que, sempre, assim que, antes de, durante, todas as vezes que, cada vez que, apenas

Iz:

St.	Sv.	Port.
Timenti N tene dinheru, N ta djuga. Óki N fika sen ninhun pataku N ta konvense ma bo é midjór.	Enkuante N tâ ke denher, N ta jegá. Kónde N feká teze, N ta konvensê ma bo é medjor.	Enquanto tiver dinheiro, jogarei. Quando ficar liso, convencer-me-ei que és o melhor.

36.2.8 – **Integrantis**

Es ta introduzi un orason ki é dipendenti di otu.

St.	Sv.	Port.
ma, si	kemá, se	que, se

Iz:

St.	Sv.	Port.
Fla-l ma es kusa ka ta fasedu y ma N ka sabeba si el éra ton runhu si.	Dezê-l ma es koza jente ka devê fazê y kemá N ka sabia se el éra tónte mau asin.	Diz-lhe que isto não se faz e que não sabia se ele era tão mau assim.

PREPOZISONS, LOKUSONS Y INTERJEISONS

Lison 37º

37.1 - **Prepozisons**

Es é morféma ô unéma gramatikal invariável y ki ta sirbi pa fase ligason entri palavras, frazis ô sintagmas di un orason.

St.	**Sv.**	**Port.**
Ku, di, -l, na, en, désdi, entri, pa, ti, sen, tirandu, ixsétu, fóra, sugundu	ke, de, na, en, desde, entre, pa, tê, sen, ixséte, trónde, fóra, segunde	com, de, em, desde, entre, para, por, até, sem, excepto, tirante, segundo

Iz:

St.	**Sv.**	**Port.**
Fóra-l bo y tirandu el, N ka sabe ken más pode subi kel monti la.	Trónde bo y trónde el, N ka sabê ken más podê sebí kel monte la.	Exceptuando tu e ele, não sei quem mais pode escalar aquele monte acolá.

37.2 - **Lokusons**

Es ta izisti óki un konjuntu di dos ô más vokablu, ku individualidadi funétiku-morfolójiku, ta forma un unidadi signifikativu. Es pode ser di naturéza adiverbial, prepozititivu, konjuntivu y interjetivu.

37.2.1 – **Lokusons Adiverbial**

É kes ki ta funsiona komu adivérbiu; es pode ser: di negason, di afirmason, di kuantidadi, di lugar, di módu, di ténpu ...

37.2.1.1 – **Di Negason**

St.	**Sv.**	**Port.**
di ninhun manera, di jeitu ninhun, di sinti, pa nunka más	de nenhun manera, de jeite nenhun, pa nunka más	de nenhuma maneira, de forma alguma, de jeito nenhum, para nunca mais

37.2.1.2 – **Di Afirmason**

St.	**Sv.**	**Port.**
di sertéza, konsertéza, sen dúvida	de sertéza, konsertéza, sen dúvida	de certeza, com certeza, sem dúvida

37.2.1.3 – **Di Kuantidadi**

St.	**Sv.**	**Port.**
pa poku, pa txeu, pa nada, pa frónta, pa xuxú	pa poke, pa tude, pa nada, pa frónta, pa xuxú	por pouco, por muito, por nada, sem medida

37.2.1.4 – **Di Lugar**

St.	**Sv.**	**Port.**
pa ndreta, pa sdreta, pa skérda, pa dianti, dipadianti, dipatrás, dipafóra, di pundi, na pundi, d'undi	pa direita, pa skérda, pa diante, pa frente, pa trás, pa fóra, dondê, aondê	à direita, à esquerda, à diante, atrás, no exterior, de onde, aonde

37.2.1.5 - **Di Módu**

St.	Sv.	Port.
ku gostu, ku gana, a-vontadi, di kor, góta pa góta, pingu pa pingu, di kalóti, di pirasa	ke goste, ke grasa, a-vontade, de kor, góta pa góta, pinge-pinge, de kalote, de má fé	com gosto, à-vontade, de cor, gota a gota, pingo a pingo, por vingança, de má fé

37.2.1.6 - **Di Ténpu**

St.	Sv.	Port.
di dia, di noti, di tardi, di parmanhan, noti manxe, noti pa manxe, dia ta sai sumana ta entra	de dia, de note, de tarde, de pulmanhan, tê manxê, txeu dia segide	durante o dia, durante a noite, pela tarde, pela manhã, até amanhecer, dia após dia

37.2.2 - **Lokusons Konjuntivu**

Es é formadu pa un vokablu presedidu di un adivébiu, prepozison ô di un partisípiu y es ta funsiona móda un konjunson.

St.	Sv.	Port.
sénpri ki, dadu ki, vistu ki, désdi ki, antis ki, ti ki, lógu ki, dja ki, mésmu ki	senpre ke, dóde ke, viste ke, desde ke, antes ke, tê ke, loge ke, ja ke, mesme ke	sempre que, dado que, visto que, desde que, antes que, logo que, já que, mesmo que

Obs: Txeu bes lokusons é klasifikadu komu un konjunson pamodi es pode ten mésmu funson gramatikal. Pur isu, na lista di konjunsons ki nu da dipariba, ta enkontradu realizason ki ta konsideradu, tanbe, komu un lokuson.

37.2.3 - **Lokusons Interjetivu**

É kes unidadi formadu pa más ki un vokablu y es ta funsiona komu un interjeson:

St.	Sv.	Port.
ai di mi!, óra bóla!, pasiénsa-tanbe!, bu juís bu orédja!, karanba tanbe!, Diós ta obi-bu!	ai de min!, óra bólas!, pasiénsa-tanbê!, atensãu, atensãu!, karanba tanbê!, Deus ta uví-be!	ai de mim!, com a breca!, atenção! valha-te Deus!

37.3 - **Interjesons**

É kes spreson ô dizabafus ki ta traduzi nos emosons di alegria, di dór, di spantu, etc. Konfórmi sentimentus ki es ta sprimi, kes más frekuenti é:

37.3.1 - **Di Alegria**

St.	Sv.	Port.
ah!, oh!, axá!, bá ... bá!, ale-bu!	ah!, oh!, adês!, adê! oh ke sábe!, uli-be	ah!, oh!, isto agora!, que grande alegria!, eis-te!

37.3.2 - **Di Dór**

St.	Sv.	Port.
ai!, ui!, uai!	ai!, ui!, uai!	ai!, ui!

37.3.3 - **Di Spantu**

St.	Sv.	Port.
karanba!, karanba tanbe!, karanba nho!, avê!, axá!, xi!, ixí!, bé!, ufú!, bi!, krédu!, puxa!, avê-Maria!	karanba!, adê!, ua!, uamá!, krede!, puxa!, obéke!, akalé!, uabiska!, avê-Maria!	caramba!, ave!, chi!, ah!, credo!, que grande desgraça!

37.3.4 - **Di Dizeju**

St.	Sv.	Port.
tomara!, bis!	oxalá!, bis!	oxalá!, bis!

37.3.5 - **Di Xamamentu**

St.	Sv.	Port.
psiu!, pst!	idem	idem

37.3.6 - **Di Suspenson**

St.	Sv.	Port.
altu!, basta!, pára!	ólte!, basta!, pará!	alto!, basta!, pára/páre!

37.3.7 - **Di Aplauzu**

St.	Sv.	Port.
viva!, bravu!	idem	idem

37.3.8 - **Di Raiva**

St.	Sv.	Port.
diaxi!, pora!, xatisa!, posa!	porra!, xatisa!, posa!	porra!, chatice!

37.3.9 - **Di Insitason**

St.	Sv.	Port.
iói!, modé!, avansa!	ariópe!, avansa!	vai aí!, avança!

37.3.10 - **Di Spanta**

St.	Sv.	Port.
xapi!, txeki!, xó!, xitu!, txa!, óu!, sai!, fóra!	xape! xó!, sai!, fóra!	xó!, sai!, fora!

NB: "Xapi!" ta utilizadu pa spanta gatu; "txeki!" pa bota porku; "xó!" pa bota galinha; "xitu!" pa spanta buru; "txa! pa bota baka, enkuantu "ou!", para bota boi.

37.3.11 - **Di Animason**

St.	Sv.	Port.
koraji!, avanti!, pa frénti!	koraja!, avante!, pa frente!	coragem!, avante!, para frente!

IV PÁRTI

ANÁLIZI SINTÁTIKU

FRAZI

Lison 38°

Frazi é un unidadi mínimu di diskursu, ku un sentidu konplétu, ki pode ser formadu pa un ô más palavra, pa un ô más konstituintis, pa un ô más orason. Frazi, normalmenti, ten un sujeitu y un predikadu, el pode ten un tirseru konstituinti ki ta dadu nómi di konplementu.

38.1 - **Sujeitu**

É ilimentu ki na un frazi ten papel di ajenti, ndému, kel ki através di predikadu ta afirma ô ta nega algun kusa. Alguns ta konsidera-l komu «séntru di prusésu verbal» (Celso Cunha y Lindley Cintra, 1984:133).

Asi, na frazis sima: «N kume; mi é; djanta sta prontu», ilimentus «N, mi, djanta» é sujeitu di ruspetivus frazi.

38.1.1 - **Tipus di Sujeitu**

Sujeitu pode ser di 1°, 2° y 3° pesoas, di singular y di plural; el pode ser sinplis ô konpostu; animadu ô inanimadu.

38.1.1.1 - **Sujeitus di 1° pesoa (singular y plural)**

St.	**Sv.**	**Port.**
N durmi	N durmí	eu dormi
nu durmi	no durmí	nós dormimos

38.1.1.2 - **Sujeitus di 2º Pesoa**

St.	Sv.	Port.
bu durmi	bo durmí	tu dormiste
nhos durmi	bezote durmí	vós dormistes

38.1.1.3 - **Sujeitus di 3º Pesoa**

St.	Sv.	Port.
el durmi	el durmí	ele dormiu
es durmi	es durmí	eles dormiram

Obs: Sujeitus di 3º pesoa, pa alén di pronómis pesoal, pode ser, tanbe, pronómis dimonstrativu («**kel-li** é dretu»); pronómis relativu («N atxa dinheru **ki** perde»); pronómis interogativu («**ken** é bo?»; Pronómis indifinidu («**ningen** sabe es kusa dretu»); un numeral («**dos** skudu é más txeu ki un skudu»); un spreson substantivu (« **saúdi ku liberdadi** é un grandi rikéza»).

38.1.1.4 - **Sujeitus Sinplis y Konpostu**

Sujeitus sinplis é formadu pa un so ajenti (**el** durmi»); sujeitus konpostu é formadu pa más ki un ajenti («**mi ku bo**, nos é bon ki bale»).

38.1.1.5 - **Sujeitu Diterminadu y Inditerminadu**

Tudu izénplus di sujeitu ki nu da, ti gósi, é diterminadu óki es ta rafiri un ajenti presizu. Un sujeitu é inditerminadu óki el ta rafiri un ajenti inpresizu: «ka ta brinkadu na misa; fladu fla ka ta skrebe/ *não se brinca na misa; diz-que-diz não se escreve*».

38.1.1.6 - **Sujeitu Animadu y Inanimadu**

Si ajenti é un ser vivu, sujeitu é animadu; si ajenti ka é un ser vivu, sujeitu é inanimadu.

38.2 - **Frazis Sen Sujeitu**

Frazis formadu ku vérbus inpesoal, normalmenti es ka ten sujeitu: «na Kabuverdi ta txobe tres mes, na un anu; dja manxe/ *em Cabo Verde chove em três meses no ano; já amanheceu*».

38.3 - **Predikadu**

Si nu konsidera sujeitu komu purmeru konstituinti di frazi, predikadu, el, é sugundu konstituinti. El ta afirma ô el ta nega algun kusa en ralason ku sujeitu. Predikadu é konsideradu núkliu sentral y fundamental di un frazi, dja ki sen el frazi ka pode izisti. Di akordu ku si naturéza, el pode ser verbal ô nominal.

38.3.1 - **Predikadu Verbal**

El ta izisti óki konstituinti ki ta diklara algun kusa, pa sujeitu, é un vérbu.

38.3.2 - **Predikadu Nominal**

Segundu Evanildo Bechara (1992:202), óki predikadu ta sprimi un kualidadi, un stadu ô un kondison, si ilimentu prinsipal é un nómi (substantivu ô adijetivu). Es tipu di predikadu ta dadu nómi di nominal.

Asi ku vérbus ki ta indika stadu ô ku nómis ki ta dizinpenha papel di núkliu sentral di un frazi, predikadu é nominal:

St.	**Sv.**	**Port.**
mi é riku	mi ê rike	sou rico
dja N grandi dja	mi ê prope inportante	sou mesmo importante
N tene fébri	N tâ ke febre	estou com febre

38.4 - **Konplementu**

Tirseru konstituinti di frazi ta dadu nómi di konplementu. El pode ser «dirétu», óki el é introduzidu pa un vérbu tranzitivu, y «indirétu», óki el é introduzidu pa un vérbu tranzitivu indirétu, ku konkursu di un prepozison.

Izénplus di Konplementu Dirétu :

St.	**Sv.**	**Port.**
N odja-l	N oiâ-l	vi-o
Da-m el	dá-me el	dá-mo
N tene txeu amigu	N tâ ke txeu amige	tenho muitos amigos

Obs: "**-l, el, txeu amigu**" é izénplu di konplementu dirétu.

Izénplus di Konplementu Indirétu:

St.	Sv.	Port.
es anu txobe na mes di otubru	es óne txuvê na mes de outubre	este ano choveu no mês de outubro
el spia pa bo	el spiá pa bo	ele olhou para ti
N dagi na el	N dá-l pankada	bati nele

Obs: En St., "**na mes di otubru, pa bo, na el**" é izénplu di konplementu indirétu.

ASESÓRIU DI FRAZI

Lison 39º

Asesóriu di un frazi é un konstituinti ki ten pa funson ditermina un nómi ô un vérbu na mésmu frazi. Konfórmi si naturéza, el pode ser nominal, verbal ô, anton, el ta funsiona móda un «apostu» ô vokativu. Asesóriu pode, inda, dadu nómi di adijuntu.

39.1 – **Adijuntu Nominal**

Adijuntu nominal pode ser un adijetivu, un numeral, un orason ô lokuson adijetivu:

St.	**Sv.**	**Port.**
N gosta di kasa **grandi**	N gostá de kaza **grande**	gosto de casa grande
nu bai na **si** karu	no bá na **sê** kórre	fomos no seu carro
es kai na **kel** posu	es kaí na **kel** pose	cairam naquele poço
el bebe agu **dos bes**	el bibê aga **dos ves**	bebeu água duas vezes
pexi, **ki nu piska**, straga	kes pexe, **ke no peská,** straga	o peixe, que pescámos, estragou-se
el é un mininu **di kabésa**	el é un menine **de kabésa**	é um menino ajuizado

Obs: Na frazis, adijuntus nominal é kes-li: «**grandi**» (adijetivu), «**si**» adijetivu posesivu); «**kel**» (adijetivu dimonstrativu), «**dos** bes» (numeral; «ki nu piska» é orason «adjetiva»; «**di kabésa**» (orason «adjetiva»).

39.2 - **Adijuntu Verbal**

Es adijuntu, normalmenti, é un adivérbiu ki ta ditermina un vérbu, el pode sprimi sirkunstánsias di: ténpu, lugar, kauza, dúvida, konpanhia, módu, afirmason, negason, kuantidadi, skluzon.

Iz:

St.	**Sv.**	**Port.**
N ta deta **tardi**	N ta detá tarde	deito-me tarde
ben **li**	ben li	vem aqui
e durmi **kalmu**	el durmí susegóde	dormiu calmo
sertamenti bu kre	de sertéza bo krê	certamente queres
N **ka** kre **nada** ku bo	N ka krê nada ma bo	não quero nada contigo
N kre-bu **txeu**	N krê-be txeu	gosto muito de ti
el tene **so** dos merés	el tâ so ke dos skude	ele tem apenas dois escudos

39.3 - **Apostu**

Apostu é un térmu ô sintagma ku valor splikativu y ki ta funsiona komu un adijuntu di un substantivu ô di un pronómi.

St.	**Sv.**	**Port.**
kabuverdianus, **mestisus di sangi y di kultura**, é gentis toleranti	kabeverdiane, **mestise de sange y de kultura**, é jente tolerante	os caboverdianos, **mestiços de sangue e de cultura**, são gente tolerante
Násia Gomi, **kantadera di batuku**, é mudjer ruspetadu	Násia Gome, **kantadeira de batuke**, é amedjer respeitóde	Inácia Gomes, **cantadeira de batuque**, é uma mulher respeitada

39.4 - **Vokativu**

É un asesóriu di frazi, ku sintasi otónumu, el ten funson di invoka, di txoma ô di númia ku énfazi.

St.	**Sv.**	**Port.**
ó mos, mi dja N fronta	**ó mose**, mi ja N pesú	ó rapaz, estou tramado
Manel, es kusa é normal	**Manel**, es koza é normal	**Manuel**, isto é normal

TIPUS DI ORASON

Lison 40º

Orason é un frazi ki ku sentidu otónumu ô dipendenti. Konfórmi si naturéza, el pode ser: prinsipal, indipendenti, dipendenti, kordenadu, subordinadu, interkalar, relativu, adijetivu.

40.1 - **Orason Prinsipal**

É kel ki ten un sentidu otónumu y el ta ben akonpanhadu di un orason dipendenti:

St.	**Sv.**	**Port.**
N sabe ma es kusa ka dretu	**N sabê** kemá es koza n'ê drete	**sei** que isto não é correto
pa N bai, **bu ten ki ben purmeru**	pa N bá, **bo devê ben primer**	para que eu vá, **deves vir primeiro**

40.2 - **Orason Indipendenti**

É un orason ki ta parse ku prinsipal, mas el ten partikularidadi di ka iziji un orason dipendenti sima ta kontisi ku orason prinsipal:

St.	**Sv.**	**Port.**
nu símia duranti dia	no sumiá durante dia	semeámos durante o dia

40.3 - **Orason Dipendenti**

É kel ki é ierarkikamenti dipendenti di un orason prinsipal:

St.	**Sv.**	**Port.**
N sabe **ma es kusa ka é dretu**	N sabê **ke es koza n'ê drete**	sei **que isto não é correcto**

40.4 - **Orason Kordenadu**

É un orason ki sta ligadu ku otu pa konjunson kordenadu ô sinplismenti justapostu. Na purmeru kazu el ten nómi kordenadu sindétiku y na sugundu di kordenadu asindétiku.

40.4.1 - **Kordenadu Kopulativu Sindétiku**

St.	**Sv.**	**Port.**
txuba txobe y agu kóre	txuva kaí y aga korrê	choveu e correu água

40.4.2 - **Kordenadu Asindétiku**

St.	**Sv.**	**Port.**
mi é di bo, bo é di-meu	mi é de-bósa, bo é de-minha	sou teu, és meu

40.4.3 - **Kordenadu Disjuntivu Sindétiku**

St.	**Sv.**	**Port.**
bu ta studa ô bu ta raprova	ô bo ta studá ô bo ta reprová	estudas ou ficas reprovado

40.4.4 - **Kordenadu Adversativu Sindétiku**

St.	**Sv.**	**Port.**
el kume mas el ka farta	el kemê má el ka fartá	comeu mas não ficou saciado

40.4.5 - **Kordenadu Konkluzivu Sindétiku**

St.	Sv.	Port.
bu ka kridita, npôs é verdadi	bo ka kreditá, após ê devéra	não acreditaste, contudo, é verdade

40.5 - **Orason Subordinadu**

É kel orason ki é introduzidu pa un konjunson subordinadu.

40.5.1 - **Subordinadu Kauzal**

St.	Sv.	Port.
N deta **pamodi N staba ku sonu**	N detá **purke N tava ke sone**	deitei-**me porque estava com sono**

40.5.2 - **Subordinadu Final**

St.	Sv.	Port.
N studa **pa N pode pasa na izami**	N studá **pa N podê pasá na izame**	estudei **para poder passar nos exames**

40.5.3 - **Subordinadu Konsesivu**

St.	Sv.	Port.
inda ki bu obi ta fladu ka bu kridita	**inda ke bo uví jente ta dezê** ka bo kreditá	**ainda que ouças o diz-que-diz** não acredites

40.5.4 - **Subordinadu Konsekutivu**

St.	Sv.	Port.
el kume tantu **ki el fronta**	el kemê tónte **k'el infrontá**	comeu tanto que ficou empanturrado

40.5.5 - **Subordinadu Kondisional**

St.	**Sv.**	**Port.**
si bu studa bu ta pasa	**se bo studá** bo ta pasá	se estudares passarás nos exames

40.5.6 - **Subordinadu Konparativu**

St.	**Sv.**	**Port.**
bu ta bai **sima bu ben**	bo ta bá **móda bo ben**	vais **como vieste**

40.5.7 - **Subordinadu Tenporal**

St.	**Sv.**	**Port.**
N ta deta **óki mia-noti da**	N ta detá **kónde for meia-note**	deito-me **quando for meia-noite**

40.5.8 - **Subordinadu Integranti**

St.	**Sv.**	**Port.**
el fla-m **ma el ka sabe**	el dezê-me **kemá el ka sabê**	disse-me **que não sabe**

Na katigoria di orasons subordinadu ta entra, tanbe, kes orason subordinadu, kes ki ta dadu nómi di orason subordinadu raduzidu. Normalmenti, é kes ki, inbóra subordinadu, es ka ta sta ligadu ku un otu pa ninhun konjunson. Asi, ten raduzidu di infinitivu, di jerúndiu y di partisípiu.

40.5.9 - **Raduzidu di Infinitivu**

St.	**Sv.**	**Port.**
e ka dretu **pâpia rixu**	ê ka drete **falá ólte**	não é correcto **falar alto**

Obs: Fórma plénu ta sérba: «É ka dretu ki algen pâpia rixu/ É ka drete ke jente falá ólte/ *não é correcto que se fale alto*»

40.5.10 - **Raduzidu di Jerúndiu**

St.	Sv.	Port.
kumendu sénpri nu ka ta xinti fómi	**kemende senpre** no ka ta sentí fome	**comendo sempre** não sentimos fome

Obs: Fórmas plénu ta sérba: «**Si nu kume sénpri.../ se no kemê senpre**.../*se comermos sempre...*».

40.5.11 - **Raduzidu di Partisípiu**

St.	Sv.	Port.
stória kontadu pa bo ka ten piada	**stória kontóde pa bo** ka ten piada	**as piadas ditas por ti** não têm graça

Obs: Fórmas plenu: "**stória ki bu ta konta .../ stória ke bo ta kontá**.../ *as piadas que dizes...*".

40.6 - **Orason Interkaladu**

É kes orason ku valor di apostu, es ta funsiona komu ilimentus adisional pa midjór sklarise ô ditermina:

St.	Sv.	Port.
nha boi - **kel ki N kunpra na Uzórgu** - sta gordu	nha bọi - **kel ke N konprá na Orgãus** - tâ gorde	o meu boi - **aquele que comprei nos Órgãos** - está gordo

40.7 - **Orason Relativu**

É un orason introduzidu pa un pronómi relativu y ki ta funsiona komu asesóriu di frazi prinsipal :

St.	Sv.	Port.
El ten un defetu **ki ka ta kaba**	el ten un defeite **ke ka ta kabá**	tem um defeito **que não acaba**

40.8 - **Orason Substantivu**

Un orason é subordinadu substantivu óki el é subordinadu di orason prinsipal y el ten valor di un substantivu. Tal orason pode ser di naturéza divérsu: substantivu, obijetivu dirétu, predikativu, apozitivu.

40.8.1 - **Subijetivu**

Óki el ta dizinpenha funson di sujeitu di orason prinsipal:

St.	Sv.	Port.
parse **ma éra bon ki bu baba** (= éra bon bu ida)	parsê **kemá éra bon ke bo base**	parece **que seria bom que tu fosses** (= seria bom a tua ida)

40.8.2 - **Obijetivu Dirétu**

Óki el ta dizinpenha funson di obijétu dirétu di orason prinsipal:

St.	Sv.	Port.
tudu pai ta gosta **ki si fidju un dia ser algen**	tude pai ta gostá **ke sê fidje ser jente un dia**	todo o pai gosta **que o seu filho um dia seja alguém**

40.8.3 - **Predikativu**

Óki el ta dizinpenha funson di predikadu di sujeitu:

St.	Sv.	Port.
mi N ka é **kenha bu sa-ta pensa n'el**	mi n'é **ken bo ti ta pensá**	não sou **a pessoa em quem estás a pensar**

40.8.4 - **Apozitivu**

Óki el ta dizinpenha funson di apostu:

St.	Sv.	Port.
un kusa N ta garanti-bu: N ka ta konta kasi	**un koza N ta garantí-be:** N ka ta kontá mintira	**uma coisa te garanto:** não minto

40.9 - **Orason Adijetivu**

É kel ki ta funsiona móda si el é adijuntu nominal di un substantitivu ô di un orason pinsipal, el ta dizinpenha kes mésmu funsons ki un adijetivu ta dizinpenhaba. El pode ser di naturéza splikativu (óki el ta splika sentidu) ô restritivu (óki el ta restrinji, limita ô presiza un sentidu).

40.9.1 - **Splikativu**

St.	Sv.	Port.
nos mai, **ki kre-nu txeu**, Nhordés ka ta mata-nu el	nos mãi, **ke gostá txeu de nos**, Deus ka ta matá-nos el	a nossa mãe, **que nos ama tanto**, Deus há-de poupar-lhe a vida

40.9.2 - **Restritivu**

St.	Sv.	Port.
katxor **ki ta ladra** ka ta morde	katxor **ke ta ladrá** ka ta mordê	cão que ladra não morde

TIPUS DI PIRÍUDU
Lison 41º

Ta dadu nómi di piríudu óki un frazi sta organizadu en orason ô orasons.

Piríudu pode ser sinplis ô konpostu. Es últimu pode ser pa kordenason ô subordinason.

41.1 - **Sinplis**

St.	Sv.	Port.
N gosta di karasbédja	N gostá de mel sukróde	gosto de melaço concentrado de cana

41.2 - **Kompostu Asindétiku Aditivu**

St.	Sv.	Port.
N kume fixon ku tosinhu, N kunpanha-l ku xerén, N rega-l ku un grógu di kana	N kemê fejon ke tusin, N kunpanhá-l ke xerén, N temâ un kóke de riba d'el	comi feijão com toucinho, servi-me de xerém para o acompanhar, tomei um grogue (como digestivo)

41.3 - **Konpostu Sindétiku Aditivu**

St.	Sv.	Port.
N sabe lé y skrebe	N sabê alê y skrevê	sei ler e escrever

41.4 - **Konpostu Sindétiku Adiversativu**

St.	Sv.	Port.
el ka da-m el, mas tanbe N ka pidi-l	el ka dá-me el, má tanbê N ka pedí-l el	não mo deu, mas também não lho pedi

41.5 - **Konpostu Sindétiku Disjuntivu**

St.	Sv.	Port.
bai oji ô nton dexa pa manhan	bá aoje ô anton txá pa manhan	vai hoje ou então deixa para amanhã

41.6 - **Konpostu Sindétiku Konkluzivu**

St.	Sv.	Port.
el ka studa, lógu el ka kre pasa	el ka studá, loge el ka krê pasá	não estudou, logo não quer passar

41.7 - **Konpostu pa Subordinason**

Izénplus ki nu da na pontu 5 (di lison 40º), kuandu nu aborda orasons subordinadu, ta sirbi, tanbe, pa prizenti epígrafi. Nu debe nota ma piríudus konpostu pa subordinason pode ser tanbe: kauzal, final, konsesivu, konsekutivu, kondisional, konparativu, tenporal y intigranti.

TIPUS DI DISKURSU

Lison 42º

Diskursu (spreson di un idéia ô di un konseitu, pa un personájen real ô imajináriu) pode ser di tres tipu : dirétu, indirétu y indirétu livri.

42.1 - **Diskursu Dirétu**

Diskursu dirétu ta verifika óki ten reproduson di idéias ô di palavras di un personájen, sen ninhun alterason :

St.	Sv.	Port.
Djon pensa, el matuta, kaba el rusponde-l: - **bu disgrasa-m nha vida, mas tanbe N ta po-bu na tribunal**	Djon pensá, el repensá, depôs el respondê-l: - **bo dá kóbe de nha vida, má tanbê N ta levó-be pa tribunal**	o João pensou, matutou, depois respondeu-lhe: - **causaste-me uma grande desgraça, mas também levo-te ao tribunal**

42.2 – **Diskursu Indirétu**

Es diskursu ta verifika óki narador ta apropria di kontiudu di mensájen di fonti emisor y e ta transmiti-l pa si própi palavras:

St.	Sv.	Port.
Djon pensa, el matuta y el rusponde-l **ma dja e disgrasaba-el si vida, mas tanbe ma e ta poba-el na tribunal**	Djon pensá, el repensá y el respondê-l **kemá ja-l pô-l na desgrasa, mas tanbê ma el tava levá-l pa tribunal**	O João pensou, matutou, depois respondeu-lhe **que ele lhe tinha causado uma grande desgraça e que por isso o levaria ao tribunal**

Obs:

a) Na diskursu indirétu ten mudansa morfo-sintátiku y, asvês, lesikal, mas mensájen ta konserva kel mésmu signifikadu di diskursu dirétu.

b) Na pasájen di diskursu dirétu pa indirétu ta da kes transformasons-li:

	Na diskursu dirétu	Na diskursu indirétu
1	**1ª e 2ª pesoa**	**3ª pesoa**
St.	el fla: - N ka kre	el fla ma el ka kreba
Sv.	el dezê: - N ka krê	el dezê kemá el ka kria
Port.	disse: - não quero	disse que não queria
2	**Vérbu na prezenti**	**Vérbu na inperfetu**
St.	bo, bu ka dodu, el fla	el fla ma el e ka éra dodu
Sv.	bo n'é dode, el dezê	el dezê kemá el n'éra dode
Port.	tu não és doido, ele disse	disse-lhe que ele não era doido
3	**Pretéritu (perfetu ô kompostu)**	**más-ki-perfetu**
St.	Ntóni dja txiga, el fla-m	el fla-m ma Ntóni dja txigaba
Sv.	Ntone ja txegá, el dezê-me	el dezê-m kemá Ntone tinha txegóde
Port.	o António já chegou, disse-me	disse-me que o António já tinha chegado
4	**futuru**	**kondisional**
St.	manhan nhos ta bai, el da órdi	el da órdi ma manhan es ta baba
Sv.	manhan bezote ta bá, el dá órden	el dá órden kemá manhan es tava bá
Port.	vocês irão amanhã, ordenou	ordenou que iriam amanhã

	Na diskursu dirétu	Na diskursu indirétu
5	**dimonstrativu di 1º e 2º pesoa**	**dimonstrativu di 3º pesoa**
St.	kel-li é bon, el fla	el fla ma kel-la éra bon
Sv.	ese-li é bon, el dezê	el dezê kemá kel-la éra bon
Port.	Isto é bom, disse	disse que aquilo era bom
6	**li**	**la**
St.	li ka sta nada, el grita	el grita ma la ka staba nada
Sv.	li ka tâ nada, el gritá	el gritá kemá la ka tava nada
Port.	Aqui não há nada, gritou	gritou dizendo que lá não havia nada

42.3 - **Diskursu Indirétu Livri**

Na diskursu indirétu livri ta da aprosimason entri narador y personájen, y ta da inpreson ma es dos sa-ta pâpia en unísonu:

St.	Sv.	Port.
"pai di Ntóni rafliti y el disidi: ka baleba péna gasta tantu dinheru ku un fidju ki ka sa-ta studaba"	"pai de Ntone pensá y el desidí: ka valia péna gastá tónte denher k'un fidje ke ka tava studá"	"o pai do António refletiu e tomou a decisão: não valia a pena desperdiçar tanto dinheiro com um filho que não estava a estudar"

Obs: Na diskursu indirétu livri ten aprosimason klaru entri diretu y indirétu na spreson. Ta verifika, entritantu, kes mésmus transpozison (di pronómis, vérbus y adivérbius) ki ta izisti na diskursu indirétu. Na diskursu indirétu livri narador ten liberdadi más grandi na planu formal (gramatikal) désdi ki kontiudu di mensájen di personájen fika inalterável. Na diskursu indirétu livri ta fikadu ku inpreson ma narador y pesonájen ta utiliza mésmu vós.

VÓS

Lison 43º

Un orason ô un períudu pode sta na vós ativu, pasivu ô rafléksu. Na pasájen di ativu pa pasivu, transformasons ta da na sujeitu, na obijétu y na vérbu. Si vós ativu é frekuenti, vós pasivu y rafléksu é raru.

43.1 - **Vós Ativu**

Óki orason ten sujeitu splísitu y vérbu ki ta dizinpenha funsons di predikadu é tranzitivu y ta ben akonpanhadu di konplementu dirétu:

St.	Sv.	Port.
N kunpra un livru	N konprá un livre	Comprei um livro

43.2 - **Vós Pasivu**

Óki sujeitu y obijétu di orason ativu ta transforma, ruspetivamenti, na ajenti di pasivu y sujeitu aparenti. Vérbu ta ben akonpanhadu pa atualizador «du» (na Santiagu) y di atualizador «de» (na S. Visenti). Es dos atualizador es ta funsiona komu partíkulas apasivanti:

St.	Sv.	Port.
Un livru kunpradu pa mi	Un livre konpróde pa mi	Um livro comprado por mim

Tudu dos frazi, na ativu y na pasivu, es pode ten koruspondénsia y ki ta dadu nómi di orason relativu: «**un livru ki mi ki kunpra/un livre ke N konprá**/*um livro que eu comprei*».

Na KKV, sima dja nu fla, vós ativu y orason relativu é uzadu txeu, enkuantu vós pasivu ta uzadu poku. Entritantu, vós pasivu ten rendimentu funsional más elevadu, na Santiagu, óki sujeitu (real) é indifinidu: "midju ta simiadu, txon ta mondadu, midju al simiadu, txon al mondadu, paredi sa-ta fasedu, agu sa-ta panhadu, agu al sa-ta panhadu, bólsa al sa-ta dadu". Na S. Visenti y en purtugês kes mésmus frazis-la ta korusponde, ku más frekuénsia, vós ativu :

St.	**Sv.**	**Port.**
midju ta simiadu	jente deve semiá midje	deve-se semear o milho
txon ta mondadu	jente devê mondá térra	deve-se mondar a terra
midju al simiadu	es devê semiá midje	é provável que se semeie o milho
txon al mondadu	es devê mondá txon	é provável que se monde a terra
paredi sa-ta fasedu	jente ti ta fazê parede	está-se a levantar a parede
agu sa-ta panhadu	jente ti ta panhá aga	está-se a recolher água
agu al sa-ta panhadu	es devê stóde ta panhá aga	provavelmente está-se a recolher água
bólsa al sa-ta dadu	es devê stóde ta dá bólsa	provavelmente está-se a distribuir a bolsa

43.3 – **Vós Rafléksu**

Es vós ta izisti óki konplementu ta konfundi ku sujeitu, y el ta funsiona móda un pleonasmu nominal. El é poku uzadu na KKV y, óki el manifesta, si konstruson ten fórma nominal y nãu pronominal sima ta kontise na línguas romániku.

Izénplu:

St.	**Sv.**	**Port.**
el mata kabésa	el matá kabésa	matou-se

Obs: Ten txeu kazu undi fórma rafléksu, na purtugês, ta korusponde fórma ativu na KKV:

St.	**Sv.**	**Port.**
el fri, el xinta	el ferí, el sentá	feriu-se, sentou-se
el labanta	el levantá	levantou-se
el lenbra, el deta	el lenbrá, el detá	lembrou-se, deitou-se

SINTASI DI REJÉNSIA

Lison 44º

Sintasi di rejénsia é ralason di dipendénsia ki ilimentus di un frazi ta stabilisi entri es, através di prepozisons ô di konjunsons, y es rejénsia pode ser di naturéza nominal ô verbal.

44.1 - **Rejénsia Nominal**

El ta kontise óki rejenti y rejidu é un substantivu ô un adijetivu. Pur izénplu, na frazi «kópu d'agu», ilimentu «kópu» é rejenti, «di» é rejénsia, «agu» é ilimentu rejidu.

Izénplus:

St.		
Rejenti	**Rejénsia**	**Rejidu**
amigu	di	nha pai
atensiozu	ku	fidju
konstituídu	pa	tres algen
dúvida	di/sobri	algen
djuntu	ku/di	el
trabadju	di/pa	kasa
kasamentu	di/ku	pónpa

Sv.		
Rejenti	**Rejénsia**	**Rejidu**
amige	de	nha pai
atensioze	ke	fidje
konstituíde	pa	tres pesoa
dúvida	de	un pesoa
junte	ke/de	el
trabóie	de/pa	kaza
kazamente	de/ke	pónpa

Port.		
Regente	**Regência**	**Regido**
amigo	de	o meu pai
atencioso	com	o filho
constituído	por/de	três pessoas
dúvida	de/sobre	alguém
junto	a/de	ele
trabalho	de/para	casa
casamento	de/com	pompa

44.2 – **Rejénsia Verbal**

Rejénsia verbal ta verifika óki rejenti é un vérbu, rejénsia é un prepozison ô konjunson :

St.		
Rejenti	**Rejénsia**	**Rejidu**
kre	na	Nhordés
obi	ku	bu pai
subi	ti/pa	séu
txora	ti	bu farta
bai	si	bu kre
ben	sikrê	el ka kontenti
bu pensa	ma	N ka sabe

Sv.		
Rejenti	**Rejénsia**	**Rejidu**
krê	na	Deus
uví	ke	bo pai
sebí	tê/pa	seu
txorá	tê	bo konsola
bá	se	bo krê
ben	mesme ke	el ka feká kontente
bo pensá	kemá	N ka sabê

Obs: Ten kazus di Rejénsia zéru na KKV:

St.	Sv.	Port.
sisti misa	asistí misa	assistir à missa
obadise bu pai	obedesê bo pai	obedece ao teu pai
N bai kureiu	N bá pa kurrei	fui aos correios

KONKLUZON

Lison 45º

KKV ta funsiona através di régras ben diterminadu. Gramátika di KKV é ka otu kusa sinon es régras di funsionamentu ku un karáter di koezon y sistematisidadi ki ningen ka pode duvida.

Pa es óbra, nu da titlu di ***Gramátika di Kriolu na 45 Lison***.

Na un univérsu di 45 Lison, nu sa-ta pretende da raspósta pa tudu kenha ki fla ma antis di un gramátika dizenvolvidu, purmenorizadu, sima kel ki nu publika na 1995, nu debeba skrebe un óbra sima kel **Gramátika di José-Maria Relvas** ki tudu algen pode konprende, sen txeu difikuldadi.

Ta kontisi ki dja ten más di 40 anu ki nu tevi kontaktu ku gramátika di José-Maria Relvas. Ku alguns lenbransa ki inda nu tinha di es óbra, y ku konhisimentu ki nu ten di KKV, nu skrebe es prezenti óbra ki, sen ser konpletamenti sima óbra di José-Maria Relvas, el ta sigi, entritantu, algun arkitetura di es livru y el ta abarka kes prinsipal klasis gramatikal di nos língua matérnu.

Un otu apresiason ki nu obi sobri nos ***Introdução à Gramática do Crioulo*** ta flaba ma éra urjenti un óbra «más universal» pa KKV pode ser ensinadu. Nu ka sabe, na es kontestu, kusé ki nos interlokutor kre fla ku «gramátika universal»[28]. Y kel-li pamodi kada língua,

[28] É pusível ki el kre rafiri konseitu di gramátika universal difendidu pa Chomsky y ki é mas virtual ki real.

a-partir di mumentu ki el ten un strutura otónumu, sima é kazu di KKV, el ten tanbe un gramátika spesífiku. Un gramátika universal ta konduziba nos tanbe pa un língua universal. Ka ta parse-nu ma kel-li éra pusível. Pur isu, gramátika di KKV ta sirkunskreve si própi univérsu linguístiku, enbóra el pode inspira na alguns mudélu di análizi gramatikal. Es inspirason, entritantu, ka pode signifika transpozison di gramátika di otus língua na KKV.

Si ku konseitu di «gramátika más universal» kre fladu kel ki é kapás di splika, dretu y interamenti tudu funsionamentu di KKV, di kada y di tudu variantis y variedadis dialetal, nu ta konkorda ku kes ki ta atxa ma ***Introdução à Gramática do Crioulo*** sta inda inkonplétu. Entritantu, mésmu ki el é inkonplétu dja el pode sirbi di instrumentu di ensinu. Na verdadi, ensina un língua é transmiti, pa kenha ki sa-ta prende, manera modi el ta funsiona, na nível funétiku, morfolójiku y sintátiku. Y si pa es funsionamentu nu ta da nómi gramátika, anton gramátika di KKV dja pode ser ensinadu oji, ku kes poku rakursu tékniku y sientífiku ki nu sta ku el.

Dja txiga di nu sta ta splika nos razisténsia pa KKV ku argumentus sen sustentabilidadi. Diskursu kolonial ta flaba ma el é ka éra língua, ma el ka tinha régras nen gramátika y, ma trokadu kel-li, el ka podeba ser ensinadu. Alguns diskursu dipôs di Indipendénsia ta flaba ma KKV ka pode ser ensinadu pa razons sima: kondisons tékniku ka sta inda reunidu; pamodi es ensinu ta raprizenta un amiasa pa aprendizájen di purtugês; pamodi gramátika di KKV ten ki ser sima kel di José-Maria Relvas; pamodi é más sivilizasional y más ikonómiku invistimentu so na purtugês ki é, tanbe, nos língua.

Tras di tudu es subterfújiu, parse ma ten algun mau-vontadi. Na dia ki surji un motivason fórti y klaru, KKV ta pasa ta ser ensinadu[29]. Es ensinu ta ser inda un via indispensável pa nu kaba ku nos medu ô ku nos konpléksu konsienti ô inkonsienti, asumidu ô sukundidu.

[29] Di nota ma désdi 1980 kriolu introduzidu na Kursu di Formason di Profesoris di Ensinu Sekundáriu. Di 2010/2013 ministradu un Mestradu di Kriolístika y Língua Kabuverdianu na Universidadi Públiku di Kabuverdi (Uni-CV). Na Otubru di 2022, Ministériu di Idukason manda introduzi ensinu di kriolu na 10º anu di skolaridadi, a-titlu sperimental.

Ravizon Konstitusional di Julhu di 1999 ditermina ma, na matéria di língua debe kriadu kondisons pa KKV ser un língua ko-ofisial, onbru-onbru ku purtugês. Ta kontisi ki un di kes prinsipal atribuison di un língua ofisial é pusibilidadi di ser ensinadu. Anton, na segimentu di diterminason di Konstituison, é urjenti ki difinidu tudu kondisons pa KKV ser konsideradu língua ofisial y debe ser prugramadu, etapa pa etapa, konkretizason di es kondisons, através di operasionalizason, ku efikásia y pragmatismu, di kondisons ki pode konduzi ti méta dizejadu.

Nu ta spéra ma tantu ***Introdução à Gramática do Crioulo*** komu ***Disionáriu Caboverdiano-Português*** y es ***Gramátika di Kriolu na 45 Lison*** ta ser un kontributu pa pulítika ki ta viza ofisializason, ensinu y afirmason di KKV. Nos pulítika y nos atitudi dianti di KKV, oji, ka debe ser kel di ka fase pamodi kondisons ka sta kriadu, mas sin kel di fase más y midjór pa nu pode kria kes kondison ki inda sa-ta falta.

Pa tudu sosiedadi, en spesial pa alunus y profesoris, nu ta fase vótu pa es prezenti trabadju ser kontinuason di prusésu di un kaminhada apaixonanti ki ta inkieta-nu y ki ta leba-nu diskubri, kada bes más, alisérsis, bazis, arkitetura, konstruson, statutu y reais atribuison di nos língua matérnu. Y si kel-la kontisi, ka ta dura kel dia ki KKV ta ser plenamenti ofisializadu; a-partir di es dia, ta ser alargadu si ensinu y si uzu na kumunikason sosial, na literatura y na adiministrason di País. Y pamodi nos speransa é grandi sima univérsu ki ta rodia-nu y ta envolve-nu, di tamanhu di nos língua matérnu ki ta molda-nu y ta molda tudu ki sta na nos bera, nu ta kridita ma «***dia klarin***», **Páskua** di kriolu kabverdianu, dja sta ben pértu di nos, na orizonti di nos fé, di nos vontadi y pusibilidadi, di nos diterminason y engajamentu.

ANÉKSUS

A – Prusésu di Afirmason di Skrita di KKV

B – Régras di Asentuason na KKV

C – Proposta de uma Estratégia Eficiente e Eficaz para a Pedagogia da Língua Caboverdiana no Contexto de Variantes e de Variedades

D – *«O Chão Onde Nasceu o CCV»*

ANÉKSU - A
Prusésu di Afirmason di Skrita di KKV (Di Séklu XIX ti Gósi)

Prusésu di Skrita di Kabuverdianu (Séklu XIX-XXI)

1. Pionerismu di Francisco Adolfo Coelho (FAC) y di António de Paula Brito (APB);
2. Konverjénsia y diverjénsia entri FAC y APB ;
3. Spiriénsia Konverjenti y Diverjenti di E. Tavares y P. Cardoso;
4. Kontributu di Napoleão Fernandes;
5. Prátika di Alguns Letradu na Sugundu Metadi di Séklu XX;
6. Rotura y kontinuidadi na dékada di 70 y di 80 di séklu XX, ku Kulókiu di 1979;
7. Fórun di Alfabetizason Bilingi, na 1989, pa Rafundason di Alfabétu di 1979;
8. Propósta di Grupu di Padronizason y aprovason di ALUPEC (1994-1998);
9. Institusionalizason di ALUPEC (2009);
10. Konverjénsia y diverjénsia na prátika di ALUPEC (1998-2015);
11. Skrita di kabuverdianu: un prusésu en konstruson y en afirmason

1. Pionerismu di Francisco Adolfo Coelho (FAC) y di António de Paula Brito

Skrita di un língua ta iziji un alfabétu struturadu y un konjuntu di prosedimentus ki ta pirmiti klarifika funson y naturéza di létras, ô di konbinason utilizadu, pa ivita konfuzon.

Skrita ten un funson sekundáriu, e ta raprizenta língua. Pur isu, el debe ten kuatu karaterístika fundamental: funsionalidadi, sistematisidadi, ikonomia, klaréza.

Skrita di Kabuverdianu, pa dokumentus ki nu konxe, ti es mumentu, komesa na séklu XIX, ku Francisco Adolfo Coelho (FAC), un purtugês ku formason na dumíniu di Filolojia.

Ku apoiu di un kabuverdianu, Cesar Augusto di Sá Nogueira, y a-partir di análizis di frazis, di kartas y di adivinhas, el komesa, ku bazi na alfabétu purtugês, ta sbosa alguns análizi di nos kriolu, na aspétu funétiku, morfolójiku y leksikolójiku.

Raflesons di FAC foi publikadu, pa purmeru bes, na 1880, na un revista di Sosiedadi di Jeografia di Lisboa, ku nómi jenériku di "***Os Dialectos Românicos ou Neo-Latinos na África, Ásia e América Latina***".

Na mésmu dékada, más presizamenti na 1888, António d'Paula Brito (APB), un profundu konhisidor di kriolu – tudu ta indika ma el éra kabuverdianu - ku bazi na un alfabétu nobu, funsional, sistemátiku y ikonómiku (di karáter funolójiku), el ta publika na kel mésmu revista di Sosiedadi di Jeografia di Lisboa, na un edison bilingi "***Apontamentos para a Gramática do Crioulo que se Fala na Ilha de Santiago de Cabo Verde***".

2. Konverjénsia y diverjénsia entri FAC y APB

Alfabétu y skrita di FAC é baziadu na alfabétu y na skrita di purtugês. Alfabétu y skrita di APB é un propósta nobu, ozadu, kuazi ravolusionáriu. Nu ta atxa koruspondénsia di alguns létra, mas kuazi sénpri ku funsons diferenti.

Es alfabétu, apezar di si ikonomia y sistematisidadi, e ka vinga. Parse ma APB foi úniku algen ki utiliza-l.

FAC	APB
A, B, C, D, E, F, G, H, I, J, K, L, M, N, O, P, Q, R, S, T, U, V, X, Y, Z	A, B, CH, D, E, F, G, I, JH, J, K, L, M, NH, N, O, P, R, RR, S, T, U, V, X, Z

Adolfo Coelho	A. de Paula Brito
CH, chôn	CH, chõ
J, fója	JH, fójha
C, crê, cedo	K, krê, sédu
G, algun	G, algũ
G, fugi	J, fuji
S, sabê, casa (z)	S, sabê, kasa (s)
SS, gossin	S, gosĩ

Konkluzon: Skrita di APB é más sistemátiku, más ikonómiku. Bazikamenti y sistemátikamenti, un son ta korusponde sénpri un létra ô un dígrafu. Úniku sinal di nazalizason é til. Pronómi pesoal sujeitu é raprizentadu pa ĩ, *y pa* ***'m*** (ĩ krê, pâ'm fazê-'l).

3. **Spiriénsia Konverjenti y Diverjenti di E. Tavares y P. Cardoso**

PEDRO CARDOSO	EUGÉNIO TAVARES
CH: crechêu, chorâ	CH: ficha, chigâ
TCH: mátcho, tchapéu	TCH: cretcheu, q'ré
CH , X; conchê, xinti	CH, X: cheio, dixam
J (dj, j): judâ-m'; bêja'l	J (dj, j): fijo, juizu
Dj: bédjo	Dj: odjá
Dg: dgêntes; n'bondge	?
LH (dj): belha, mulhê	?
G (j): longe	G (j): fugi
G (g): co gostu	G (g): graça, geto
M': M'bêm	'N, 'M: 'N ca pedi; 'M ta dixóbe
-m', -'n: xa-m'; dá-m'/dâ-'n	m, 'n: dixam, da'n

Konkluzon:

Pedro Cardoso ta utiliza kuatu raprizentason pa son «dj» : J (judâ-m), bêja'l; DJ (bédjo); Dg (dgêntes); LH (belha).

Eugénio Tavares ta uza apénas dos fórma di raprizenta «dj»: J (fijo); Dj (odjá). Na es aspétu, si alfabétu é más ikonómiku ki kel di Pedro Cardoso.

Ten divirjénsia inda na raprizentason di pronómi pesoal sujeitu y konplementu.

Pedro Cardoso: M': M'bêm; -m', -'n: xa-m'; dá-m'/dâ-'n.

Eugénio Tavares: 'N, 'M: 'N ca pedi;'M ta dixóbe; m, 'n: dixam, da'n.

4. Kontributu di Napoleão Fernandes

Na purmeru metadi di séklu XX, un otu kontributu inportanti é kel di Napoleão Fernandes, na si ***Léxico do Dialecto Crioulo de Cabo Verde***. Li tanbe, bazi di alfabétu é kel di purtugês, mas ku un grandi preokupason di sistematisidadi. Na el nu ta atxa influénsia di A. de Paula Brito na raprizentason di son [dj], di fórma sistemátiku, pa [jh]: jhabacós.

- Son "dj" é raprizentadu, sistemákamenti pa "jh"
- Son "tx" é raprizentadu, sistemátikamenti, pa "ch": cheo, chabe.
- Son "x" é raprizentadu pa "sh": shá y pa "x": xixi.
- O son "j" é raprizentadu pa "j" y pa "g": corajo, corage
- Son "k" é raprizentadu pa "c, q": cóche-cóche, q'rêcheo

Konkluzon: Na purmeru metadi di séklu XX, el é skrita más ikonómiku y más sistemátiku ki nu identifika. Na es aspétu, apénas mudélu di APB, na 1888, di Kulókiu Linguístiku di 1979 y di ALUPEC na 1998 ta supera-l na grau di ikonomia y sistematisidadi.

5. Prátika di Alguns Letradu na Sugundu Metadi di Séklu XX

Apartir di anus 60 di séklu XX, alguns letradu sima Ovídio Martins, Kaoberdiano Dambará, Luís Romano, Sérgio Frusoni y otus, ku bazi na alfabétu purtugês, ku alguns adaptason, es dexa prátika di ses skrita stanpadu na alguns puéma:

Ovídio Martins - Na el nu ta atxa tch, dj, q'/c: "tchgá, qré, qond, cabeverdióne". Partikularidadi di O.M sta sobritudu na enprégu di "q" na palavras sima "qré, qretcheu..."

Kaoberdiano Dambará "tch, dj, k: "atchal, djunta, kussa".

Li, partikularidadi más vizível, pa alén di uzu di verson baziletal, sta na enprégu di "k" ki, tanbe, nu atxa na skrita di António de Paula Brito.

Luís Romano - Un skrita baziadu na purtugês ku alguns adaptason, sima: tch (tchorá); **M'** (M'ta presenciá); q (qris).

Na nos amóstra nu ka atxa realizason "dj".

Sérgio Frusoni: Si skrita totalmenti baziadu na alfabétu purtugês. Sima nu pode odja na es stratu di «***Vangêle Contód d'Nos Moda***»[30], 1979, Edição Terra Nova:

«Na principe éra VÊRB e VÊRB é DEUS./ Tud côsa foi crióde na sê jête,/ e sem El ca fazid nada do que ê fête,/ N'El era vida e vida ê luz d'Cêu».

6. **Rotura y kontinuidadi na dékada di 70 y di 80 di séklu XX, ku Kulókiu di 1979**

Kulókiu linguístiku di 1979 ta raprizenta un grandi rotura na prátika di skrita, na Kriolu.

Alafabétu propostu é:

A B Ĉ D E F G I Ẑ Ĵ K L L̂ M N N̂ N̈ O P K R S T U V Ŝ Z

Partikularidadi di es alfabétu sta na si funsionalidadi, un létra un son y visi-vérsa; na si ikonomia y na si sistematisidadi. Asi tudu son [k] é /k/; tudu [s] é /s/; tudu [z] é /z/: *kaza, kre, simentu, izami.*

Apesar di si funsionalidadi, ikonomia y sistematisidadi, un grandi párti di sosiedadi rajeta es alfabétu. Son [k] y tudu sons palatal, sinaladu ku un sirkunfléksu, foi rajetadu.

[30] Es óbra é di un grandi inportánsia linguístiku y literáriu. Duranti ténpu ki nu izerse papel di governanti (na Ministériu di Kultura), na anus di 2004-2010, nu manda disponibiliza un vérba pa verson y edison di óbra na ALUPEC, ku kolaborason di linguista Adelaide Monteiro. Inisialmenti, família otoriza es verson. Dipôs, akonselhadu pa un distakadu inteletual mindelensi, ki na altura ta xefiaba raprizentason diplomátiku na Lisboa, foi ratiradu otorizason antiriormenti dadu.

Guvérnu ka toma ninhun puzison ralasionadu ku es alfabétu, entritantu un grandi párti di rakódja di tradison oral, na Ministériu di Kultura, fasedu na es alfabétu. Surji, tanbe, alguns óbra puétiku y di fikson na es alfabétu, di T.V da Silva, Eutrópio Lima da Cruz, Kaká Barbosa, Manuel Veiga, entri otus.

7. **Fórun di Alfabetizason Bilingi pa Rafundason di Alfabétu di 1979**

Dianti di razisténsia alargadu, pa alfabétu di 1979, ironikamenti txokotadu ku nómi di "*alfabétu di xapéu*", dés anu dipôs di si kriason, na 1989, realizadu un Fórun pa diskuti pusibilidadi di rafundason di es alfabétu.

Dulce Pereira, na altura konsultóra di Direson-Jeral di Edukason Estra-Skolar, aprizenta un propósta undi prinsipais alterason staba na konsuantis palatal di 1979 ki el ta raprizentaba di siginti fórma: tch, dj, nh, ch, j, lh. Raprizentason di "s" y "k" ta sigi kulókiu di 1979.

Es propósta ka foi konsensual y Fórun kria un Kumison Konsultivu pa da un pareser.

Pareser ki dadu ta bai na sentidu di un maiór aprofundamentu di prublemátika di alfabétu y di skrita. Y pa kel-la éra nisisáriu kriason di un strutura tékniku multidisiplinar pa, na un prazu razoável, aprizenta un propósta abranjenti di alfabétu y di skrita.

Asi, pa propósta di Setor di Linguístika, di Institutu Nasional di Kultura, y dispaxu favorável di Ministra di Kultura y Kumunikason, na altura, Dra. Ondina Ferreira, kriadu, na Novénbru di 1993, Grupu di Padronizason di Alfabétu.

Na un orizonti di seis mes, Grupu di Padronizason ta ntrega "***Proposta de Bases do Alfabeto Unificado para a Escrita do Caboverdiano***", na Maiu di 1994.

8. **Propósta di Grupu di Padronizason y aprovason di ALUPEC**

Guvérnu leba kuatu anu (1994-1998) pa toma un puzison ofisial ralasionadu ku Propósta di Bazis di Alfabétu Unifikadu pa

Skrita di Kabuverdianu (ALUPEC), aprizentadu pa Grupu di Padronizason.

Aprovason tinha un karáter sprimental, pa un piríudu di sinku anu. Entritantu, es spiriénsia ta prolonga duranti dés anu (1998-2008), altura ki un Grupu kriadu, pa Ministru di Kultura, na altura, Manuel Veiga, pa avaliason di funsionalidadi di ALUPEC, na perspetiva di si institusionalizason.

9. **Institusionalizason di ALUPEC (2009)**

ALUPEC foi institusionalizadu pa Dekrétu 8/2009. El é formadu pa 25 létra y kuatu dígrafu:

Létras: A B [C] D E F G H I J L M N Ñ O P K R S T U V X Y Z.

Dígrafus: DJ, LH, NH, TX

Partikularidadis: kada létra (ô dígrafu) un son y visi-vérsa; el é ikonómiku, sistemátiku, funsional.

Introduson di létra [C] é un propósta pustirior ki inda ka sta ofisializadu nen konsensualizadu. El é utilizadu apénas pa raprizentason di siglas, sima (TACV); pa nómis di pesoas (Carlos); pa sinblus y markas internasional (cm, etc., vitamina C; numerason romanu (C, CC...).

Úniku sinal di nazalizason é "n" (kanpu); "til" ta uzadu so ku ditongu: pãu.

Pronómi pesoal di 1ª pesoa: N (N kre); konplementu: -m (da-m).

Konjunson kordenadu kopulativu sen konsénsu, inda. Uns ta uza "y", otus "i": Pedru y Djon, Pedru i Djon.

A-nível di alfabétu, diverjénsia é, pratikamenti, inizistenti. Prubléma ta rizidi na skrita, sobritudu na kiston di asentuason.

10. **Konverjénsia y diverjénsia na prátika di ALUPEC (1998-2015)**

A-nível di alfabétu, konverjénsia é grandi, tantu entri akadémikus, komu entri utilizadoris di ALUPEC.

Na skrita, alguns diverjénsia, ki ka ta konpromete fundamentus di ALUPEC ta izisti:

1. Alguns utilizador, sima Marlyse Baptista y Marciano Moreira ta difende supreson total di diakrítikus.
2. Otus sima Jürgen Lang y T.V da Silva ta difende ma tudu "a" abértu debe leba diakrítiku: «*rátu, prátu, mátu, káuberdiánu*», kontrariamenti kel régra ki sta konsagradu na R2, régra nº2, sobri asentuason.
3. Inda ten uns utilizador ki ta difende uzu di "y" pa konjunson kordenadu kopulativu, y otus ki ta difende uzu di "i.

Razon di utilizason di /y/ é pamodi el é un klasi gramatikal, enkuantu /i/ é un sinplis vogal. Justifikason, inda, é pamodi na ilha di Maiu /i/ é tirseru pesoa di vérbu ser: mi i bon = mi é bon. É ka konvinienti ki un mésmu unidadi dizinpenha más ki un funson, ku pusibilidadi di konfuzon.

11. Skrita di kabuverdianu: un prusésu en konstruson y en afirmason

Afirmason di skrita di nos língua, di séklu XIX pa gósi, é un realidadi, é un prusésu ki sa ta konsolida y sa ta konsensualiza, manenti, manenti.

Mésmu línguas ku más stória ki nos kriolu sta na un prusésu di konstruson y konsolidason permanenti. Basta nu lenbra di "***Akordu Ortográfiku di Língua Purtugês di 1990***".

É rakonfortanti sabe ma dja nu ten un bazi pa un skrita sistemátiku di kriolu kabuverdianu, un bazi ki sta "*in fieri*" kontinu.

Filismenti, pa ken ki konxe ALUPEC, dja ten un bazi kumun. Nu pode fla ma dja nu alkansa supirior unidadi, ku algun diversidadi. Diverjénsia ta izisti, mas el é poku spresivu, konparadu ku kel ki ta uni pratikantis di ALUPEC. Ku ténpu, nu ta bai ta lima arésta y unidadi, sertamenti, ta bai ta raforsa, manenti, manenti. Unifikason di un skrita pode leba alguns anu, dékadas mésmu. Pa frénti k'é kaminhu. Nu pintxa!

Bibliografia Spesífiku

CARDOSO Pedro, 1933, *Folclore Caboverdeano*, reedição de Solidariedade Caboverdiana de Paris, 1983;

DAMBARÁ Kaoberdiano, (1962?), *Noti*, (?) Edição do Departamento da Informação e Propaganda do Comité Central do PAIGC;

FERNANDES Napoleão, *Léxico do Dialecto Crioulo do Arquipélago de Cabo Verde*, Edição de Ivone Ramos, 1971, S. Vicente;

Grupo para a Padronização do Alfabeto, 2006, *Proposta de Bases do Alfabeto Unificado para a Escrita do Caboverdiano*, Organização de T.V. da Silva, Praia, IIPC;

MARTINS Ovídio, (1962 ?), *Gritarei, Berrarei, Matarei - Não Vou para a Passárgada*, Rotterdam, Edições Caboverdianidade;

MORAIS-BARBOSA Jorge (org), 1967, *Crioulos*, Lisboa, Sociedade de Geografia de Lisboa;

ROMANO Luís (org.), 1982, *Contravento*, Taunton, Atlantis Publishers;

TAVARES Eugénio, 1932, *Mornas Cantigas Crioulas*, in *A Morna na Literatura Tradicional*, Organização de Moacyr Rodrigues e Isabel Lobo, 1996, Praia, Instituto Caboverdiano do Livro e do Disco;

SILVA T. V., *Alfabétu Káuberdiánu - Un prupósta di skrita ku stória voltádu pa futuru*, 2014, Praia, IPC;

VEIGA Manuel (Org.), *I Colóquio Linguístico sobre o Crioulo de Cabo Verde*, 2000, Praia, INIC;

ANÉKSU - B

RÉGRAS DI ASENTUASON NA KKV (R1-R6)

Uzu di diakrítikus na skrita ta dadu nómi di asentuason. Un régra di oru na uzu di diakrítiku é pa el ser iliminadu sénpri ki si inizisténsia ka ta kauza konfuzon y nen ka ta difikulta konprenson di un palavra. Asi,

R1 (régra 1) ta fla: palavras gravi, ki aséntu ta kai riba di "**a, e, i, o, u**" ka ta leba diakrítiku: ratu, petu, pinta, dodu, tudu. Ixseson: óki palavra é gravi, y diakrítiku ta kai riba di "**i**" ô "**u**", presedidu di vogal ki ka ta forma sílaba ku es, diakrítiku ta reaparese: **raínha, saúdi**.

R2: Tudu palavra gravi ki aséntu ta kai riba di /é/ y di /ó/, ta uzadu sénpri diakrítiku: **béku, bóka**.

R3: Tudu palavra sdrúxula ta leba diakrítiku: **sílaba, pulítiku, prátiku**.

R4:

a) Tudu palavra agudu tirminadu pa "**e**" y pa "**o**" (fitxadu) ka ta leba diakrítiku: **kre, po**. Óki vogal é abértu, diakrítiku ta reaparese: **fé, pó**.

b) Tudu palavra di un sílaba, terminadu pa "**a, i, u**", ka ta leba diakrítiku: **ta, la, li**. Na kazu di paris mínimu, diakrítiku ta uzadu: **mas/más; pa/pá**: "**N kume mas N ka farta; N kre más kumida; el bai pa kaza; el panha lixu ku pá**".

c) Tudu palavra agudu di más di un sílaba, sigidu ô nãu di "s", ta leba diakrítiku, di akordu ku naturéza vokáliku: "**kafé, fututú, raís, país, purtugês**"

d) Tudu vokablu ki ta fase párti di un klasi gramatikal fitxadu, sima pronómis y diterminantis posesivus, ô dimonstrativus, ka ta leba diakrítiku: **bo, abo, nho, nhos, nos, nhos, anhos, es, aes, ami, nha, anha, bosê, kel**...

NB: Es régra-li ka sta, inda, interamenti konsensualizadu.

R5: Tudu palavra ki ta tirmina pa **l, n, r**, normalmenti es é agudu. Es ka ta leba diakrítiku: **baril, kurason, amor**. Entritantu, tudu kes ki ka é agudu ta leba diakrítiku: **sensível, jóven**.

R6: Tudu palavra ku más di un sílaba ki ta tirmina pa un ditongu, presedidu di un konsoanti, normalmenti é agudu y es ka ten nisisidadi di diakrítiku, pamodi asentuason é preditível: **balai, liseu**.

Sénpri ki palavras ki ta tirmina pa ditongu, presedidu di konsoanti, e ka agudu, es ta leba diakrítiku: **patrísiu, língua, míngua, azágua**. NB: palavra "**praia, feiu**" ka ta leba diakrítiku pamodi es ta tirmina pa ditongu ki ka sta presedidu di konsuanti.

ANÉKSU - C

PROPOSTA DE UMA ESTRATÉGIA EFICIENTE E EFICAZ PARA A PEDAGOGIA DA LÍNGUA MATERNA CABOVERDIANA[31]

Introdução

A abordagem do tema, em título, leva-me a debruçar sobre os seguintes aspetos:

- A atualização do crioulo caboverdiano em variantes e variedades, a partir das matrizes africana e lusitana: uma riqueza e um património a preservar;
- Como ensinar, com eficiência e eficácia, numa perspetiva de padronização sustentável que integra e dialoga, sem sobrecarregar, nem complexificar desnecessariamente a pedagogia; sem encarecer demasiadamente a economia doméstica, nem discriminar as classes menos favorecidas;
- Uma pedagogia que encoraja o conhecimento dos dois modelos de escrita que fizeram já história em Cabo Verde: o de base etimológica e o de base fonológica;

[31] Ver as razões por que escrevo "caboverdiano" sem hífen, em VEIGA Manuel, 2016. *A Palavra e o Verbo*, Acácia Editora, p. 7. Devo ainda informar que o presente trabalho foi publicado pela primeira vez, em Novembro de 2022, na revista «***Direito, Política e Sociedade***» da Uni-Mindelo.

- Uma pedagogia que dê conta do bilinguismo caboverdiano, das interferências existentes, da especificidade mantida e da importância cultural, económica e social desse mesmo bilinguismo;
- Conclusão;
- Referências Bibliográficas.

1. **Atualização do Crioulo Caboverdiano (CCV) em Variantes e Variedades, a partir das Matrizes Lusitana e Africana**

O CCV é resultado do encontro, já desde o longínquo século XV, entre a língua portuguesa e algumas outras línguas da Costa Ocidental africana, particularmente o mandinga e o wolof (Veiga, 2019). A influência do português se verifica particularmente no léxico, enquanto a das línguas africanas particularmente na morfologia e sintaxe.

Primeiramente, formou-se um pidgin, uma estrutura linguística simples e pouco complexa, a qual foi complexificando-se até alcançar o estatuto de crioulo (língua mista, estruturalmente mais complexificada), já desde o dealbar do século XVII.

Sabe-se que que o crioulo nasceu nas ilhas de Santiago e no Fogo, do relacionamento estabelecido desde o século XV, entre o colono branco e os escravos negros. No século XVII, com o povoamento de algumas ilhas do Norte, nomeadamente Boavista, S. Nicolau e Santo Antão, começaram a surgir variantes do crioulo com o relacionamento sobretudo de mestiços (escravizados) e colonos brancos.

Com o povoamento de S. Vicente, desde o final do século XVIII, surge uma nova variante a partir das expressões linguísticas de Santiago, Fogo e das ilhas do Norte povoadas no século XVII (Boavista, S. Nicolau e Santo Antão). A construção do Porto Grande de S. Vicente em 1850 provocou uma grande mobilidade social ao Norte e, do mosaico de variantes linguísticas em contacto, surgiu uma variedade que não é totalmente igual, mas também não é completamente indiferente às variantes matrizes, razão por que em todo o Norte de

Cabo Verde a expressão de S Vicente é satisfatoriamente entendida, utilizada e apreciada, o que faz dela não apenas uma variante local, mas uma variedade regional.

Do mesmo modo, a expressão de Santiago, devido à frequente mobilidade com as outras ilhas do Sul (Fogo, Brava e Maio), sofreu alguma influência dessas outras ilhas que a aceitam sem nenhuma resistência, podendo utilizá-la, e mesmo defendê-la. Esta a razão por que a expressão de Santiago pode ser, ela também, considerada como uma variedade regional, ao Sul.

Tendo em conta o acima exposto, fica claro que em Cabo Verde há sete variantes locais e duas variedades regionais. Esta situação leva-me a propor uma estratégia de desenvolvimento linguístico que, sem subestimar as sete variantes, toma por basa as duas variedades: ao Norte, a expressão de S. Vicente; e ao Sul, a de Santiago.

No ponto dois da minha exposição apresentarei uma proposta de pedagogia com base nas duas variedades, em permanente diálogo com as outras variantes, e na busca incessante de uma padronização linguística que integra, dialoga e unifica.

Contrariamente ao que alguns pensam, a existência de variantes e de variedades é para nós antes uma riqueza do que *uma dor de cabeça*. Efetivamente, elas não só fazem com que tenhamos uma expressão linguística rica e diversificada, como também levam a nossa crioulidade a perpetuar a mestiçagem de cultura, de pensamento e de expressão artística.

Creio que todos concordarão comigo se disser que, em parte, é devido à morfologia e à sintaxe do nosso crioulo (em constante mestiçagem) que a Cidade Velha, como a Morna, ascenderam ao estatuto de Património da Humanidade. Com efeito, a gramática do crioulo confere às nossas ilhas, à nossa cultura (tradicional, musical, literária e patrimonial) uma especificidade que só se encontra em Cabo Verde.

E se o crioulo caboverdiano é a nossa marca identitária, das mais fortes e representativas, urge estudá-lo e valorizá-lo, não apenas como uma opção, mas como um dever cívico, uma obrigação social e cultural. Há que convir comigo que quem não sabe escrever o crioulo, que quem desconhece o seu funcionamento gramatical e lexical é um analfabeto da crioulidade, é um analfabeto de uma das marcas identitárias mais representativas do nosso estar no mundo.

Se assim é, há que saudar a decisão governamental de introduzir o ensino do crioulo no décimo ano de escolaridade. Apenas é de se estranhar que esse ensino seja opcional, o que contraria o dispositivo Constitucional (artigo 9º.2) que ordena a construção da paridade entre as duas línguas da República (a portuguesa e a caboverdiana). Ora, sendo o ensino do português obrigatório, o do caboverdiano, por imperativo Constitucional, deveria sê-lo também[32].

Tendo em conta a escassez, neste momento, de docentes capacitados, e de material didático, o melhor caminho seria a criação de dois ou de três polos de ensino piloto, o que levaria o sistema de ensino a equacionar os problemas existentes e traçar a estratégia para os debelar, e só depois globalizar esse ensino.

Não tendo sido este o caminho escolhido, só nos restar augurar sucesso ao ensino opcional adotado no décimo ano de escolaridade e a partir do ano escolar de 2022.

2. **Como ensinar com eficiência e eficácia, numa perspetiva de padronização sustentável que integra e dialoga, sem sobrecarregar, nem complexificar desnecessariamente a pedagogia; sem encarecer, demasiadamente, a economia doméstica, nem discriminar as classes menos favorecidas?**

Culturalmente, não é aconselhável a marginalização do ensino de qualquer das variantes do CCV.

Pedagogicamente, não é sustentável, nem praticável, o ensino, numa mesma sala de aula e na mesma sessão pedagógica, de todas as variantes do CCV.

[32] Note-se que um estudo do Afrobarómetro, realizado em 2022, apurou que «78% dos caboverdianos é favorável ao uso do crioulo como meio oficial de instrução; 78% apoia o crioulo como disciplina obrigatória em todas as escolas; 64% concorda com a sua elevação à língua oficial como o português».

Face a tudo isto, qual poderá ser a pedagogia que, de forma sustentável, eficiente e eficaz, seja capaz de promover o ensino da língua materna caboverdiana, de forma pragmática, com base numa estratégia integradora e dialogante, do estilo da composição "***doce guerra***", do vate Antero Simas, sem discriminar nenhuma das variantes do CCV e com resultados satisfatórios, em termos de defesa e valorização de um dos elementos mais significativos da identidade cultural caboverdiana: a língua crioula?

Na análise que segue, vou tentar dar resposta a essa interrogação.

Partindo do princípio que todas as variantes são importantes; tendo presente a existência de duas variedades regionais do CCV, a do Norte, com o seu epicentro em S. Vicente; a do Sul, com o seu epicentro em Santiago, a pedagogia mais consentânea seria aquela que toma por base as duas variedades (uma em cada zona geográfica respetiva), estabelecendo a ponte, em análise comparativa e contrastiva, em cada sala de aula, com a variante local da respetiva sala de aula.

Isto significa que em todo o Norte de Cabo Verde, a variedade de S. Vicente é tomada como referência básica. O professor, em cada uma das ilhas do Norte, é aconselhado a ensinar a variedade de S. Vicente e a realizar o estudo comparativo e contrastivo com a respetiva variante local.

Ao Sul de Cabo Verde a estratégia é idêntica: parte-se da variedade de Santiago e, em cada sala de aula, faz-se a análise comparativa e contrastiva com a respetiva variante local.

Por exemplo, se as duas salas de aula se situam na Brava e na Boavista, no primeiro caso o professor tem de ser capaz de fazer a análise comparativa e contrastiva entre a estrutura gramatical da variedade de Santiago e a da Brava; no segundo caso, a análise comparativa e contrastiva deve ser feita entre a variedade de S. Vicente e a variante da Boavista.

Porém, se as duas salas de aula se situarem em S. Vicente em Santiago, a análise comparativa e contrastiva, na primeira sala de aula, seria entre S. Vicente e Santiago, e na segunda sala de aula, entre Santiago e S. Vicente.

A economia dessa pedagogia reside no facto do Ministério da Educação poder investir apenas no material didático das duas variedades. O estudo comparativo e a análise contrastiva serão da responsabilidade do professor e dos educandos.

Naturalmente, a estratégia proposta vai favorecer a valorização e a padronização escolar tanto ao Norte como ao Sul.

Terá que haver uma outra valorização e uma outra padronização, sendo estas de conteúdo social e cultural. O uso das variantes e das variedades através da mobilidade humana (turismo interno, negócios, comunicação social, produção artística musical e literária) vai favorecer tanto a padronização escolar como a social.

Isto significa que quanto mais uma determinada variante ou variedade forem usadas na Rádio, na Televisão, nas redes sociais, na produção artístico-literária; quanto maior for o uso de uma variedade ou de uma determinada variante pelas "*rabidantes*" ou pelos homens e mulheres de negócios, a padronização social será reforçada e a padronização escolar será desenvolvida e o surgimento do crioulo-padrão nacional acontece.

Exemplificando: as expressões "**diazá, benita pa frónta, feiu pa xuxú**..." têm origem na variedade de S. Vicente. Porém, devido à mobilidade social, não causa estranheza que em Santiago se diga, hoje: "**diazá N ka odja-u; Kel minina la é bunita pa frónta; mar sta brabu pa xuxú**".

Mais: sabe-se que o termo "**gerrotxóde**" pertence à variante de Santo Antão. Entretanto, não causa grande estranheza se, em Santiago, alguém disser: "**el manda-m un abrasu garotxadu**" em vez de "**el manda-m un abrasu pertadu**".

O "**gerrotxóde**" pode ainda ser traduzido por "**rotxadu**": "**gerrotxóde na kunpanher/ rotxadu na kunpanheru**".

O termo "**mantxuadu**" tem origem na variante do Fogo. Porém, pode-se ouvir um santiaguês a dizer "**mantxuadu na kunpanheru**", em vez de " **rotxadu na kunpanheru, karapatidu na kunpanheru, lapidu na kunpanheru, lanbuxadu na kunpanheru**".

Concluindo este ponto, constata-se que a "**padronização escolar**" é da responsabilidade do sistema escolar, enquanto a "**padronização social**" é da responsabilidade da sociedade. Quanto maior for o investimento em cada uma dessas modalidades, melhor será desenvolvida ou reforçada a padronização escolar e a social, da padronização nacional.

A longo prazo, como resultado da **padronização escolar** e da **padronização social** surgirá uma terceira variedade, a que podemos designar **Variedade Norte/Sul**, com epicentros em S. Vicente e em Santiago. Pode-se perguntar quando é que isto vai acontecer. Não saberei responder. Só sei que vai levar muito tempo e que é a melhor estratégia para um desenvolvimento linguístico harmonioso, integral e unificador. Com esta etapa concluída, Cabo Verde passaria a contar com uma única variedade, a **Variedade Norte/Sul**. Naturalmente, esta última será uma **Variedade Nacional**, aquela onde melhor se espelha a alma caboverdiana, com a representatividade do todo nacional.

Os custos: para a **valorização e padronização escolar** há que ter professores, há que ter salas de aula equipadas, há que ter algum material didático. Ora, para a **variedade de S. Vicente**, recomenda-se as obras **Vangêle Contód d'Nos Móda**, de Sérgio Frusoni e ***Biblia na Prugrese de Tradusãu pa Linga Kabeverdiane-Sonsente***, de "Asosiasãu Kabeverdiane pa Tradusãu de Biblia".

Para a **variedade de Santiago**, recomenda-se ***Lukas - Notísias Sábi di Jizus***, de "Kumison pa Traduson di Biblia"; os romances ***Odju d'Agu*** e ***Jornada Sen Ratornu***, de Manuel Veiga; ***Katikati pa Gran Bira Spiga*** e ***O Caboverdiano em 45 Lições***, do mesmo autor; ***Noti,*** de Kaoberdiano Dambará.

Complementarmente, o professor, eventualmente, pode utilizar trabalhos de tradição oral, levados a cabo pela equipa de T.V. da Silva e obras em crioulo desse mesmo autor; trabalhos em crioulo de Eugénio Tavares, Ovídio Martins, Anu Nobu, Corsino Fortes, Manuel d'Novas, Antero Simas; de Donaldo Macedo, de José Luis Tavares, de Princesito, de Dany Spínola, de José-Luis Hopffer Almada, de Mana

Guta, de N'Gossi Nelly, de Manuel Gonçalves, de Nicolas Quint; Dicionário de Jürgen Lang, de Napoleão Fernandes e de Manuel Veiga; trabalhos outros em crioulo de compositores, de poetas e ficcionistas caboverdianos ou estrangeiros; ***Diklarason Universal di Direitus Umanu***, de Lurdes Lima e revisão de Adelaide Monteiro; livros em crioulo das Testemunhas de Jeová; Compilação de ***Stórias di Nhu Lobu ku Xibinhu***, da associação IMAJEM; a coletânea ***Karlus Magnu***, de Humberto Lima; a coletânea musical ***Hora di Bai***, de P. José Maria de Sousa; As ***Stórias Ilustradu di Nobu Testamentu pa Jóvens*** y ***pa Pais, Na Língua Kabuverdianu di Santiagu***, da "Komison pa Traduson di Bíblia".

3. Uma pedagogia que encoraja o conhecimento dos dois modelos de alfabeto que fizeram já história em Cabo Verde: o de base etimológica e o de base fonológica

Da pedagogia do CCV devem constar tanto o modelo de base etimológica como o de base fonológica. Ambos os modelos entraram já na história da escrita em Cabo Verde. O primeiro modelo foi praticado desde todo o sempre pelos clássicos da nossa literatura, como Eugénio Tavares, Pedro Cardoso, Napoleão Fernandes, entre outros. Já na época claridosa, encontrou eco junto de escritores como Baltasar Lopes, Sérgio Frusoni, Teixeira de Sousa. Mais tarde, continuou sendo utilizado por vários outros escritores como Kaoberdiano Dambará, Ovídio Martins, Corsino Fortes etc.

O segundo modelo, o de base fonológica, surgiu em Cabo Verde a partir de 1979 num Colóquio Linguístico sobre a Problemática do Crioulo Caboverdiano, realizado em Mindelo pela então Direção-Geral da Cultura.

Manuel Veiga e Tomé Varela da Silva foram, entre outros, os principais impulsionadores desse modelo de alfabeto, o primeiro com o estudo gramatical ***Diskrison Strutural di Língua Kabuverdianu***, com o romance ***Odju d'Agu*** e várias outras obras. O segundo com várias obras de tradição oral caboverdiana, nomeadamente a coletânea ***Na Bóka Noti***, em vários volumes.

Este segundo modelo somente viria a ser oficialmente aprovado em 1998 por proposta de uma Comissão de Padronização criada em 1994. A partir dessa aprovação, esse modelo encontrou eco junto de todos os estudos académicos realizados no país e no exterior, sobre o crioulo caboverdiano. Estudiosos e escritores vários passaram a utilizar esse modelo de escrita, tendo em conta a sua funcionalidade, economia e sistematicidade.

O Que Carateriza os dois modelos de alfabeto acima referidos:

Modelo de Base Etimológica - Orientando-se pelo étimo e pela história das palavras, é pouco económico e pouco sistemático. Com efeito, um mesmo som se atualiza de forma diferente, conforme o étimo da palavra onde está inserido. Por exemplo, o fonema /**s**/ pode atualizar de várias formas: **s**, **ss**, **ç**, **c** (sábi, massa, poço, cimento). No português pode ainda atualizar-se em **x** (trouxe).

Ora, tratando-se do mesmo fonema, a atualização em quatro grafemas, não sendo nada económico, representa um peso linguístico desnecessário. O mesmo se pode dizer com os fonemas /**z, k, j, x**/.

O /**z**/ pode atualizar-se em "**z, s, x**" (cozinha, casamento, exame).

O /k/ pode atualizar-se em "**k, c, q**" (km^2, casa, quintal).

O /j/ pode atualizar-se em "j, g"(jaro, gesso).

O /x/ é representado por "**x**" e por "ch" (xadrez, chato).

Podia-se continuar a apresentar outros casos de falta de economia do modelo de alfabeto de base etimológica. Porém, penso que os exemplos acima apresentados ilustram essa falta de economia.

Modelo de Base Fonológica

Neste modelo, sistematicamente, para cada fonema existe um único grafema, o que confere à escrita uma economia assinalável, não havendo a necessidade de decorar a forma gráfica das palavras, por exemplo "**coser** roupa e **cozer** comida":

/z/ = "z" (kuzinha, kazamentu, izami);

/k/ = "k" (km^2, kasa, kintal).

/j/ = "j" (jaru, jésu).

/x/ = "x" (xadres, xatu).

Ora, é essa economia e sistematicidade que granjearam simpatia para com este modelo de alfabeto junto de académicos, escritores e utilizadores vários.

O modelo de base etimológica continua a ser defendido pelos que tem uma grande simpatia para com a história da língua caboverdiana. Porém, se tomarmos em conta o parque editorial em Cabo Verde, neste momento, os estudos académicos levados a cabo após a aprovação, em 1998, do modelo fonológico, a escrita nas redes sociais, constata-se que a escrita de base fonológica ultrapassa, de longe, a prática etimológica.

Considerando, no entanto, que os dois modelos fazem parte da história da escrita do crioulo caboverdiano e contam com defensores de ambos os lados, o sistema de ensino não pode ignorar esse facto.

Assim sendo, é desejável que na sala de aula o professor leve os seus alunos a assimilarem o funcionamento dos dois modelos, deixando a cada um a liberdade de adotar, em atividades de cunho pessoal, o modelo que achar mais conveniente.

Para as atividades académicas, seria desejável o modelo mais económico e sistemático, o qual foi instituído, desde 2009, como alfabeto caboverdiano (Decreto-Lei 8/2009, de 16 de Março). Porém, se o aluno fizer questão de utilizar o modelo de base etimológica, convém que o professor seja tolerante.

4. Uma pedagogia que dê conta do bilinguismo caboverdiano, das interferências existentes e da especificidade mantida, como da importância cultural, económica e social desse mesmo bilinguismo

Num livro da minha autoria – ***A Construção do Bilinguismo*** – e que, num concurso promovido em 2000 pelo Fundo Bibliográfico da Língua Portuguesa, ganhou o primeiro lugar, escrevi o seguinte (p.5):

> *"Ninguém pode ignorar que tanto a língua portuguesa como a caboverdiana, embora de formas diferentes, corporizam a nossa história, enformam a nossa cultura e moldam o nosso modo de estar no mundo. A afirmação e a valorização dessas duas línguas, mais do que um dever cívico, é uma exigência cultural e uma necessidade ambiental".*

Também no artigo 9.2 da Constituição da República se estabelece que o "*Estado promove as condições para a oficialização da língua materna caboverdiana, em paridade com a língua portuguesa*", e em 9.3 determina: "*Todos os cidadãos nacionais têm o dever de conhecer as línguas oficiais e o direito de usá-las*".

De igual modo, os artigos 7º i) e 79º.3 f) ordenam que se deve "*Promover a defesa, a valorização e o desenvolvimento da língua materna caboverdiana e incentivar o seu uso na comunicação escrita*".

Mais: O Decreto-Legislativo 2/2010, de 7 de Maio, sobre Bases do Sistema Educativo, determina: "*O Sistema educativo deve valorizar a língua materna, como manifestação privilegiada da cultura*".

Tendo em conta o acima exposto, há que convir que a construção do bilinguismo, em Cabo Verde se nos impõe não apenas como um dever e um direito constitucional, mas também como uma exigência constitucional e cultural, como uma necessidade ambiental. Assim sendo, a pedagogia de ensino de qualquer uma dessas duas línguas tem que ser algo de complementar e nunca de concorrência desleal ou destrutiva.

Para Cabo Verde, é uma bênção a existência dessas duas línguas, o que permite aos caboverdianos uma maior interação e interculturalidade no espaço da CPLP, num laboratório humano com aproximadamente 270 milhões de locutores, sendo nove os países membros (Angola, Brasil, Cabo Verde, Guiné-Bissau, Guiné Equatorial, Moçambique, Portugal, S. Tomé e Príncipe e Timor Leste).

Não há dúvida que é invejável esse mercado linguístico, cultural, económico, social e político.

Daí que a política de bilinguismo, em Cabo Verde, seja uma exigência ambiental e uma necessidade cultural, económica, política e social.

Assim sendo, o aprendiz da língua caboverdiana deve poder relacionar-se, harmoniosa e interessadamente, com a língua portuguesa. O estudo do crioulo caboverdiano nunca deverá ser em oposição ao da língua portuguesa, mas sempre em complementaridade com essa outra língua oficial da República. Isto significa que a metodologia de ensino do português, que conta com uma experiência de vários séculos, deve, sem tentativa glotofagista, inspirar, positivamente, a metodologia de ensino do crioulo caboverdiano.

Tendo em conta, porém, que as duas línguas, do ponto de vista formal, estrutural e semântico se organizam de modo diferente, o professor do CCV deve poder levar os seus alunos a descobrirem as diferenças, as particularidades e especificidades matriciais existentes.

Levando ainda em consideração que uma das matrizes do CCV é o português, o professor deverá estar capacitado para levar os alunos a descobrir as possíveis interferências estruturais, tanto do ponto de vista gramatical como semântico. Há que evitar a influência elitista, glotofagista ou demasiadamente arcaizante, de uma língua em relação a outra.

A análise comparativa e contrastiva entre os dois modelos, sob o signo da ciência, da verdade e tipicidade linguísticas poderão ser de grande utilidade. Isto só será possível se o professor do CCV possuir conhecimento gramatical e lexical das duas línguas.

5. **Em Jeito de Conclusão**

Sendo o CCV um dos elementos mais significativos da nossa identidade; constituindo a defesa e valorização do CCV um dever cívico e uma exigência cultural; determinando o artigo 9º.2 da Constituição que "*o Estado deve criar as condições para a oficialização da língua materna caboverdiana em paridade com a portuguesa*"; considerando o estipulado no artigo 79º.3 f) que ordena a valorização da língua caboverdiana e o incentivo à sua utilização na escrita;

Tendo em conta o exposto, o ensino do CCV deixa de ser uma simples opção para passar a ser um dever e uma obrigação.

Ora, possuindo o CCV 7 variantes locais consolidadas e duas variedades regionais emergentes; havendo da parte dos cidadãos um forte apego à respetiva variante e respeito quanto às duas variedades (Norte e Sul) existentes, impõe-se que seja traçada uma pedagogia de ensino sustentável e inclusivo.

Na minha perspetiva, essa pedagogia deveria ter as seguintes características:

a) Ao Norte, tendo em conta que a variedade existente, com epicentro em S. Vicente, é um constructo a partir das variantes do Norte, em cada sala de aula se procederá à análise comparativa e contrastiva entre a variante local e a variedade Norte. Em S. Vicente, epicentro dessa variedade, haverá uma pedagogia centrada na análise comparativa e contrastiva ente a variedade/Norte e a variedade/Sul (ou seja entre a variedade de S. Vicente e a de Santiago).

b) Ao Sul, considerando que as variantes das ilhas todas foram e continuam sendo fontes de enriquecimento da variedade cujo epicentro é Santiago, a pedagogia em cada sala de aula deveria proceder à análise comparativa e contrastiva entre a variante local e a variedade/Sul. A nível de Santiago a pedagogia seria centrada na análise comparativa e contrastiva entre a variedade/Sul e a variedade/Norte (ou seja, entre a variedade de Santiago e a de S.Vicente).

c) Havendo dois modelos de escrita, com legitimidade histórica e social, o que é baseado no alfabeto etimológico, e o que é baseado no alfabeto fonológico, a pedagogia devia dar conta destes dois modelos. Sendo o modelo fonológico mais económico e mais sistemático, o mesmo deveria ser encorajado; deve-se, no entanto, tolerar a prática do modelo etimológico, por parte dos alunos que fizerem questão dessa prática.

d) Tendo presente que a construção do bilinguismo e da paridade entre a língua cabo-verdiana e o português é uma necessidade ambiental e um dever constitucional, o professor do CCV deve levar os seus educandos a descobrirem a vantagem do bilinguismo funcional, em Cabo Verde.

Uma pedagogia baseada nesses quatro pontos leva à valorização de todas as variantes e variedades do CCV, com uma estratégia sustentável e inclusiva em que em cada sala de aula apenas se estuda a respetiva variante local e variedade regional. Com essa pedagogia, ainda, fica valorizada a história da escrita do CCV, a defesa e valorização do bilinguismo caboverdiano.

6. **Referência Bibliográfica**

Dambará, Kaoberdiano (1964). *Noti*, Edição PAIGC, Paris.

Fernandes, Napoleão (sd). *Léxico do Dialecto Crioulo de Cabo Verde*, Editado pela filha Ivone Fernandes Ramos, Gráfica do Mindelo.

Frusoni, Sérgio (1979). *Vangêle Contód d'Nos Móda,*Edição, Terra Nova, S. Filipe, Fogo.

Lang, Jürgen (2002). *Dicionário do Crioulo da Ilha de Santiago,* Gunter Narr Verlag Tübingen, Alemanha.

Veiga, Manuel (2004). A Construção do Bilinguismo, Instituto da Biblioteca Nacional e do Livro, Praia.

Idem (2012). Dicionário Caboverdiano-Português, Instituto da Biblioteca Nacional e do Livro, Praia.

Idem (2016). *A Palavra e o Verbo*, Acácia Editora, Praia.

Idem (2019). *Odju d'Agu*, 2ª Ed, Livraria Pedro Cardoso, Praia.

Idem (2019). Formação do Crioulo - Matrizes Originárias, Acácia Editora, Praia.

Idem (2021). *O Caboverdiano em 45 Lições*, Acácia Editora, Praia.

Idem (2022). Katikati pa Gran Bira Spiga, Acácia Editora, Praia.

Idem (2022). *Jornada Sen Ratornu*, Odjud'aguBlogspot.com.

Kumison Kabuverdianu pa Traduson di Bíblia (2004). *Lukas, Notísias Sábi di Jizus*, Praia.

Idem (2009). Biblia - Na Prugrésu di Traduson pa Língua Kabuverdianu, Praia.

Idem (2013). Biblia na Prugrese de Tradusãu pa Linga Kabeverdiane - Sonsente.

ANÉKSU - D[33]

O CHÃO ONDE NASCEU O CRIOULO DE CABO VERDE

A César o que é de César...

A história faz-se com factos e não com impressões, sejam elas nossas ou alheias. Num texto datado de Janeiro de 2016, publicado num blogue da Academia de Ciências Políticas para a Guiné-Bissau, e veiculado no facebook, em Janeiro de 2018, o senhor Livonildo Francisco MENDES afirma:

> "...*todos os dados indicam que foram os escravos guineenses que deram origem à actual população de Cabo Verde e, por consequência, ao crioulo que hoje é uma das línguas oficiais do arquipélago...*".

Mais: no mesmo texto reafirma que:

> "... *na Guiné-Bissau a língua crioula resulta de contactos políticos e comerciais entre os portugueses e os povos do Golfo da Guiné (principalmente os Mandingas e os Fulas) desde a época do Grande-Império Mali, no século XIII*".

É ainda estranha a afirmação segundo a qual a

> "...*língua crioula é a que serve de veículo comum entre falantes de dialetos diferentes*".

[33] Es anéksu ta ben na purtugês dja ki el é distinadu pa un públiku ki ta stravaza jeografia di Kabuverdi.

Espero que algum historiador caboverdiano e/ou guineense, com base em factos, venham repor a verdade histórica da origem dos crioulos falados em Cabo Verde e na Guiné-Bissau.

Eu, como caboverdiano, formado em linguística, com algum conhecimento sobre a história do meu povo, senti-me desafiado a dizer o que penso, escudado em argumentos do historiador António Carreira e em informações de linguistas como Baltasar Lopes, Marlyse Baptista, Robert Chaudenson, Jürgen Lang, Jean-Louis Rougé, Nicolas Quint.

Desconheço qualquer fonte histórica que coloca a presença de portugueses no Golfo da Guiné, já desde o século XIII, como estranhamente, afirma o senhor Mendes.

Segundo Carreira (1982:15), o descobridor Nuno Tristão terá chegado a Guiné-Bissau em 1446. Porém, face à insegurança e à hostilidade dos régulos, as feitorias funcionavam a bordo de barcos e somente a partir do século XVII surgem as primeiras feitorias de Ziguinchor, Farim, Geba, Fá e Bissau (cf. p. 18).

Ora, se a descoberta da Guiné-Bissau data de 1446, se as feitorias, em terra firme, datam da segunda metade do século XVII, se o crioulo resulta do encontro entre o português e as línguas étnicas da Costa Ocidental africana, como será possível a sua formação já desde o século XIII, como afirma o senhor Mendes?

Acontece que no século XVII, altura da fixação de feitorias portuguesas na Guiné-Bissau, o crioulo de Cabo Verde já contava com cerca de um século de existência. E isto se tivermos em conta que, segundo o historiador António Carreira (1982: 53),

> *"... a menos de cem anos do achamento existiam em Santiago escravos da estirpe Jalofa que se entendiam (necessariamente por um pidgin ou um protocrioulo) com os europeus, e que eram utilizados como intérpretes junto dos povos do continente".*

Ora, se a descoberta de Cabo Verde aconteceu em 1460, isto significa que em 1560 já existia, em Cabo Verde, um protocrioulo. Estamos ainda longe do século XVII, altura do estabelecimento de feitorias na Guiné-Bissau, em terra firme. Isto significa que, historicamente falando, o crioulo de Cabo Verde antecede o da Guiné-Bissau.

Assim sendo, resulta insustentável a afirmação do senhor Mendes, segundo a qual seriam os escravos guineenses que deram origem ao povo e ao crioulo de Cabo Verde.

Aliás, é o próprio Carreira (1982:33) que categoricamente afirma:

> *"...o crioulo de Cabo Verde começou a ser usado, timidamente, nos 'rios' pelos Lançados ou Tangomaos oriundos das ilhas de Cabo Verde no período da formação das Praças e Presídios"* que, como vimos atrás, data da segunda metade do século XVII, na Guiné-Bissau.

Mais à frente, citando Baltasar Lopes, Careira (1982:33) afirma:

> *"Suponho que o crioulo falado na Guiné é, não o contacto do indígena com o português, mas sim o crioulo caboverdiano de Sotavento levado pelos colonos idos do arquipélago...".*

De acordo com o senhor Mendes, o crioulo terá provindo, principalmente do contacto com os Mandingas e os Fulas. Ora acontece que, enquanto o linguista francês Jean-Louis Rougé (2006) destaca a origem mandiga do crioulo, o linguista alemão Jürgen Lang (2006, 2009) apresenta vários aspetos morfológicos, sintáticos e semânticos que provam a grande influência, também, do wolof no crioulo de Cabo Verde.

Segundo o linguista francês Robert Chaudenson (1992:37), especialista do crioulo da Reunião, a origem dos crioulos atlânticos e do Oceano Índico, tem por base três unidades: *a do tempo, a do espaço e a da ação.*

Relativamente ao tempo, são línguas muito recentes (séculos 15, 16 e 17 para o de Cabo Verde. Século 17 para os das Antilhas e os do Oceano Índico). Quanto à unidade do espaço, a quase totalidade se formou nas ilhas. Quanto à unidade de ação, surgiram em contexto de dominação (escravatura e colonização), onde o dominador e os dominados não se entendiam, por possuírem códigos linguísticos diferentes. Ora, a necessidade urgente e premente de comunicação exigiu a formação de um novo código linguístico a partir da língua do dominador e das dos dominados. Nessas circunstâncias (caracterizadas por uma situação limite de comunicação) costuma, em pouco tempo, nascer uma língua miscigenada, resultante do encontro do léxico da língua do dominador com a gramática das línguas das classes dominadas. O produto dessa recriação por parte sobretudo dos mestiços, descendentes da escrava negra e do dominador branco, e que desconheciam a língua tanto do pai como da mãe, se convencionou chamar "crioulo", um código simples, de início, e que, a pouco e pouco, se complexifica e se autonomiza.

Acontece que a Guiné-Bissau se situa no continente, as etnias se comunicavam nas respetivas línguas e tudo indica que não poderiam sentir-se em situações limites de comunicação, exigindo a formação de uma nova língua. A comunicação com o comerciante branco que vinha e repartia para o negócio, em barcos-feitoria (pelo menos até ao século XVII), de início, se processava a partir dos "chalonas" (intérpretes) trazidos de Cabo Verde (Carreira,1982:30).

Pode-se perguntar ao senhor Mendes porque será que os escravos guineenses, em vez da imposição das suas línguas étnicas, preferiram impor o seu crioulo, em Cabo Verde? Porque será ainda que, em outras paragens, na América Latina e nas Caraíbas, para onde foram levados, não impuseram o seu crioulo. Porque será que o crioulo se formou em S.Tomé e Príncipe, que são ilhas, e não em Angola e Moçambique onde a situação social e linguística era parecida com a da Guiné-Bissau?

Por tudo isto, a nosso ver, a tese do senhor Mendes carece de sustentabilidade. Por isso, não a sufragamos. Não obstante, nós os caboverdianos somos eternamente gratos a todas as etnias, principalmente a mandinga e a wolof pelas marcas que deixaram na nossa crioulidade, seja a linguística seja a antropológica.

A terminar, reafirmamos que o crioulo de Cabo Verde se formou e se consolidou em Cabo Verde, no horizonte temporal que abrange os séculos XV (início), XVI, XVII, XVIII (consolidação). A partir de aí entrou na fase de autonomização que ainda perdura.

Bibliografia Spesífika Sobri Oríjen di KKV

BAPTISTA Marlyse, 2006. "When Substrates meet superstrate: the case of Capeverdean Creole", In Cabo Verde - Origens da sua Sociedade e do seu Crioulo. Alemanha, Gunter Narr Verlag Tübingen.

CHAUDENSON Robert, 1992. Des Îles, des Hommes, des Langues. Paris, l'Harmattan.

CARREIRA António, 1982. *O Crioulo de Cabo Verde - Surto e Expansão*. Mem Martins, Portugal. Gráfica EUROPA Lda.

LANG Jürgen, 2006 (org.). "L'Influence des Wolof et du wolof sur la formation du créole santiagais". In *Cabo Verde - Origens da sua Sociedade e do seu Crioulo*. Alemanha, Gunter Narr Verlag Tübingen.

Idem, 2009. *Les Langues des Autres dans la Créolisation*. Alemanha, Gunter Narr Verlag Tübingen.

QUINT Nicolas, 2000, 2006. *Le Cap-verdien: Origine et Devenir d'une Langue Métisse*, Paris, L'Harmattan; "Un Bref Aperçu des racines Africaines de la Langue Capverdienne", 2006, p. 75-90, in *Cabo Verde - Origem da Sua Sociedade e do Seu Crioulo*, Ed. Jürgen Lang, John Holm, Jean Louis Rougé e Maria João Soares, Gunter Narr Verlag Tübingen.

ROUGÉ Jean-Louis, 2009. "L'Influence Mandingue sur la Formation des Créoles du Cap-Vert et de Guiné-Bissau et Casamance". In *Cabo Verde - Origens da sua Sociedade e do seu Crioulo*. Alemanha, Gunter Narr Verlag Tübingen.

BIBLIOGRAFIA JERAL

António CARREIRA Idem	- *O Crioulo de Cabo Verde, surto e expansão*, Gráfica Europa Lda, Portugal, 1982. - *Notícias Corográficas e Chronológicas do Bispado de Cabo Verde*, ICL, Praia, 1985.
A. MARTINET	- Éléments de Linguistique Générale, A. Colin, Paris, 1970.
Baltasar LOPES	- *O Dialecto Crioulo de Cabo Verde*, Imprensa Nacional Casa da Moeda, Lisboa, 1984 (a 1ª edição é de 1957). - *Claridade*, nº especial, 1986.
Celso CUNHA	- *Gramática da Língua Portuguesa*, FENAME, Rio de Janeiro, 5a ed., 1974.
Celso CUNHA e Lindley CINTRA	- *Nova Gramática do Português Contemporâneo*, Edições João Sá da Costa, Lisboa, 1984.
Donaldo MACEDO	- *A Linguistic Approach to the Capeverdean Language*, Universidade de Massachusetts, 1979 (tese).
Dulce DUARTE	- *Diglossia ou Bilinguismo?*, Spleen Edições, Praia, 1999.
Dulce PEREIRA	- "Les Verbes Auxiliaires en Créole de Santiago du Cap-Vert", IX Colóquio Internacional de Estudos Crioulos, Universidade de Aix-en-Provence, França, 1999.
Eduardo CARDOSO	- *O Crioulo da Ilha de S.Nicolau de Cabo Verde*, ICL/ICALP, Praia/Lisboa, 1990.
Eugénio TAVARES	- *Morna: Cantigas Crioulas*, J. Rodrigues & Ca Editores, Lisboa, 1932.

Evanildo BECHARA	- *Moderna Gramática Portuguesa*, Companhia Editora Nacional, 34a Edição, S.Paulo, 1992.
Fernanda PRATAS	- *O Sistema Pronominal do Caboverdiano (variante de Santiago) Questões de Gramática* (tese de mestrado), Universidade Nova de Lisboa, Maio de 2002.
Jorge Morais BARBOSA	- *Crioulos* (reedição de artigos publicados por vários autores, de 1880-1941, no Boletim da Sociedade de Geografia), Lisboa, 1967,
Jürgen LANG	- "O Interesse da Linguística pelo Crioulo de Cabo Verde", in Fragmentos, nos 11/15, Praia, 1997,
Manuel FERREIRA	- *A Aventura Crioula*, Plátano Editora, 2a ed., Lisboa, 1973,
Manuel VEIGA	- *Diskrison Strutural di Língua Kabuverdianu*, ICL, Praia, 1982" - "O Crioulo", in Oceanos, Comissão Nacional para as Comemorações dos Descobrimentos, Portugueses, Lisboa, 1990, - "A Língua Caboverdiana", in Africana, número especial sobre Cabo Verde, Univer. Portucalense/93. - "La Langue des îles", in Notre Librairie n°112, CLEF, Paris, 1993. - *A Sementeira*, ALAC, Lisboa, 1994. - *O Crioulo de Cabo Verde: Introdução à Gramática*, ICLD, Praia, 1995 (2ª ed. 1996). - "Morphosyntaxe des Adjectifs dans le créole du Cap-Vert», in *Matériaux pour l'étude des classes grammaticales dans les langues créoles* (editor: Daniel Véronique), Universidade de Provence, Aix-en-Provence, 1996. - "A Construção do Bilinguismo", in Kultura, n°0, Praia, 1997. - *Le Créole du Cap-Vert: Étude Grammaticale Descriptive et Contrastive*, Universidade d'Aix-Marseille, Édition Karthala/IPC, Paris/Praia, 2000 (tese).

Manuel VEIGA	- "Morphosyntaxe du TMA dans le Créole du Cap-Vert, Essai de Comparaison entre le Créole de la Guyane et celui des Seychelles" apresentado no IX Colóquio Internacional de Estudos Crioulos, Universidade de Aix-en-Provence, France, 1999. - "O Crioulo e o Português no Processo de Afirmação em Cabo Verde", Conferência no Instituto Franco-Português em Lisboa e na Universidade de Ponta Delgada nos Açores, 1999. - "Bilinguismo Funcional", comunicação apresentada na III Bienal do Fundo Bibliográfico da Língua Portuguesa, Praia, 1999. - "Implementação do Ensino da Língua Caboverdiana no Instituto Superior de Educação" (estudo solicitado pelo Departamento de Línguas Caboverdiana e Portuguesa), 1999. - *Formação do Crioulo - Matrizes Originárias.* Acácia Editora, Praia, 2019.
Maria Dulce de Oliveira ALMADA	- *Contribuição do Dialecto Falado no seu Arquipélago*, Sociedade de Geografia de Lisboa, 1961 (Monografia)
Marlyse BAPTISTA	- *The Morpho-syntaxe of Nominal and Verbal Categories in Cape-verdean Creole*, Universidade de Harvard, 1997 (tese).
Michel LABAN	- *Cabo Verde - Encontro com Escritores*, Fundação Eng. António Almeida, Porto, 1992.
Nicolas QUINT-ABRIAL	- *Grammaire de la Langue Cap-verdienne - étude descriptive e compréhensive du créole afro-portugais des Îles du Cap-Vert*, L'Harmattan, Paris, 2000.
Vários Autores	- *Actas do I Colóquio Linguístico sobre o Crioulo de Cabo Verde*, Mindelo, 1979.
Vários Autores (Coord. de Manuel VEIGA)	- *Proposta de Bases do Alfabeto Unificado para a a Escrita do Caboverdiano (ALUPEC)*, Praia, 1994.

ÍNDISI

PÁRTI I
ASPÉTUS SOSIOLINGUÍSTIKUS

PÁRTI II

SKRITA

PÁRTI III

MORFOLOJIA DI NÓMIS, PRONÓMIS, VÉRBUS Y ADIVÉRBIUS

PÁRTI IV

ANÁLIZI SINTÁTIKU

www.ingramcontent.com/pod-product-compliance
Lightning Source LLC
LaVergne TN
LVHW010541160826
845677LV00013B/2957
9789895321636